Karl Hinrichs

Zeit und Geld in privaten Haushalten

Gelegenheitsstruktur und Bedarf für Eigenarbeit als Determinanten sozialer Ungleichheit

AJZ

CIP-Titelaufnahme der Deutschen Bibliothek

Hinrichs, Karl:
Geld und Zeit in privaten Haushalten : Gelegenheitsstruktur und Bedarf für Eigenarbeit als Determinanten sozialer Ungleichheit / Karl Hinrichs. - Bielefeld : AJZ-Druck u. Verl., 1989
ISBN 3-921680-85-9

ISBN 3-921680-85-9

Druck und Vertrieb:
AJZ Verlag
Heeper Straße 132
4800 Bielefeld 1

Titelgestaltung
unter Verwendung einer Zeichnung von
Anne Flore, Bielefeld

Inhalt

Verzeichnis der Tabellen und Übersichten im Text

Tabellen

Übersichten

1. Einleitung

»Schattenwirtschaft - eine Wachstumsbranche?«, so überschrieb D. Cassel einen 1982 erschienenen Aufsatz. Es mag gute empirische Argumente geben, diese Frage zu verneinen, aber eindeutig ist, daß das Thema in Wissenschaft und Publizistik seit einem Jahrzehnt floriert, wenn man unter »Schattenwirtschaft« nicht allein die illegale und bewußt der Erfassung in der Volkswirtschaftlichen Gesamtrechnung entzogene Produktion versteht.[1] Die Ausgangspunkte des gesteigerten politisch-wissenschaftlichen Interesses an diesem Thema sind vielfältig, verknüpfen sich jedoch in der konkreten Diskussion.

Unter *Ökonomen* steht einmal die Quantifizierung des Teils der gesellschaftlichen Wertschöpfung im Vordergrund, der systematisch aus der Sozialproduktsberechnung ausgeblendet bleibt. Zu dieser Ausblendung kommt es, weil die privaten Haushalte nicht nur Marktanbieter von Arbeitskraft und Orte der Marktentnahme, sondern gleichzeitig auch Stätten der Produktion für den eigenen Bedarf sind. Unter anderem wegen der »Kommodifizierung« ehedem in den privaten Haushalten stattgefundener Produktion, die die »wirklichen« Wachstumsraten des Sozialprodukts im längerfristigen Vergleich verfälschen, tauchte die Frage auf, ob das offiziell gemessene Sozialprodukt als gesellschaftliches Wohlfahrtsmaß überhaupt tauglich ist und durch welche Umrechnungen, Ergänzungen, Korrekturen usw. es zum Indikator für Veränderungen der (Netto-)Wohlfahrt gemacht werden kann (vgl. z.B. Schettkat 1982; Eisner 1988). Zum anderen fragen Vertreter der ökonomischen Profession nach dem Zusammenhang von bürokratischen Regulierungen bzw. Steuerbelastungen der wirtschaftlich Aktiven und dem Ausmaß »illegaler« informeller Produktion (Schwarzarbeit, Geschäfte ohne Rechnung usw.) einschließlich der davon ausge-

1 Davon zeugen im deutschsprachigen Raum eine Vielzahl von Beiträgen in den letzten zehn Jahrgängen der Zeitschrift *Hauswirtschaft und Wissenschaft* und neben einer wachsenden Zahl von Monographien eine Reihe von Sammelbänden, so z.B. Gretschmann et al. 1984; Schäfer 1984; Brun 1985; Glatzer/Berger-Schmitt 1986; Gross/Friedrich 1988; Teichert 1988 - vgl. darüber hinaus die umfängliche Literaturdokumentation des Instituts für Arbeitsmarkt- und Berufsforschung (Cyprian et al. 1989).

henden Verzerrungen im Bereich der »formellen« Wirtschaft. Zusammen mit den Ergebnissen werden oft Forderungen nach Deregulierung und Steuerentlastung präsentiert, um den informellen Teil der Ökonomie wieder zurückzudrängen. Es werden aber auch verschärfte Regelungen verlangt, vermutet man doch im Bestand der registrierten Arbeitslosen zahlreiche »schwarze Schafe«, die komfortable Arbeitslosenunterstützungszahlungen mit Einkünften aus der Schwarzarbeit kombinieren und die deshalb an der Aufnahme einer regulären Beschäftigung nicht sonderlich interessiert sind.

Einen ganz anderen Aspekt der informellen Ökonomie hat die *Frauenforschung* im Blick: Kritisiert wird eine Sichtweise, die den Arbeitsbegriff auf *Erwerbsarbeit* verengt, statt dessen wird nach der gesamtgesellschaftlichen Bedeutung *unbezahlter* Arbeit gefragt, nach den Ursachen der nach Geschlechtern ungleichen Verteilung dieser Arbeit und nach den daraus folgenden ungleichen Lebenschancen.

Das Interesse der *Hauswirtschaftswissenschaft* (und einer Reihe von Soziologen) gilt der Bedeutung der informellen Produktion als Bestandteil von Versorgungsstrategien der privaten Haushalte. Der zeitliche Umfang der Hausarbeit, ihr ökonomischer »Wert« und die Veränderungen unter gewandelten sozialstrukturellen und ökonomischen Bedingungen sowie der vergrößerten technischen Ausstattung der Haushalte stellen wesentliche Forschungsfelder dar. Der Ansatz der *New Home Economics* (als führender Vertreter: Gary S. Becker), der Umfang, Art und und Arbeits-Input der Gebrauchswertproduktion der Haushalte unter dem Blickwinkel von Rationalitätskalkülen bei gegebenen »constraints« (Einkommen, Zeit) analysiert, wurde in dem Zusammenhang geradezu »begierig« aufgenommen. Denn mit der Orientierung an diesem theoretischen Zugang zu den Entscheidungen der privaten Haushalte bot sich der Haushaltswissenschaft u.a. die Möglichkeit, sich aus dem Status eines wenig renommierten Anhängsels der etablierten ökonomischen Profession zu befreien und entsprechend zu profilieren.

Innerhalb der *Soziologie* wurden in den siebziger Jahren zunehmend Zweifel an den theoretischen Entwürfen einer *postindustriellen Gesellschaft* laut. Der geradlinige Weg gemäß der sog. »Drei-Sektoren-Theorie« hin zu einem Übergewicht von Produktion und Beschäftigung im Dienstleistungssektor wurde dahingehend infragegestellt, daß selbst wenn der Endverbrauch von Dienstleistungen steigt, keine entsprechenden Veränderungen im Beschäftigungssystem folgen. Den »Postindustrialismus«-Entwürfen von Fourastié, Bell u.a. wurde deshalb die Erwartung einer *Selbstbedienungsgesellschaft* gegenübergestellt, in der die privaten Haushalte durch Kombination von industriell erzeugten Gütern mit unbezahlter (Eigen-)Arbeitszeit ein wachsendes Volumen an »Dienstleistungen« selbst produzieren. Denn wegen der »Produktivitätslücke« im Dienstleistungssektor führen allgemeine Einkommenssteigerungen zu relativ höheren

Preisen für Dienste und regen damit substitutive Formen der Produktion an (vgl. Skolka 1976; Gershuny 1983; Scharpf 1986).

Die überproportionalen Kostensteigerungen für soziale Dienste waren ebenfalls Anlaß, sich in der wissenschaftlichen Auseinandersetzung um die zukünftige *Sozialpolitik* mit Reorganisationsüberlegungen und Alternativen zu beschäftigen. In der absichtsvoll geförderten (Re-)Vitalisierung und Ausweitung des informellen Sektors wird ein Ausweg aus den Finanzierungsproblemen des Wohlfahrtsstaates und den kontraproduktiven Folgen seiner bürokratisierten und professionalisierten Leistungserbringung gesehen. Damit werden zugleich Hoffnungen verknüpft, veränderten (individualisierten) und zahlreicheren Bedarfslagen gerecht zu werden. Überwiegend auf einer »modernisierten» Subsidiaritätsvorstellung aufbauend werden u.a. die (Neu-)Verzahnung öffentlicher Leistungen und unbezahlter Arbeit, die Förderung von Selbsthilfegruppen und die Aufwertung ehrenamtlicher Dienste propagiert (vgl. z.B. Gross 1983; Heinze et al. 1988).

Eine noch prominentere Rolle nimmt die Produktion im informellen Sektor in neueren *gesellschaftsutopischen Entwürfen* ein. Die wesentlich ausgeweitete Eigenarbeit (in Verbindung mit einer radikal verkürzten Erwerbsarbeitszeit und ggf. einer von der Erwerbsarbeit[sverpflichtung] entkoppelten finanziellen Sicherung in Form eines »garantierten Mindesteinkommens«) ist hier Bestandteil einer »anderen« - humanen, ökologischen, selbstbestimmten, sozial transparenteren - Gesellschaft der post-wohlfahrtsstaatlichen bzw. post-sozialdemokratischen Ära (vgl. Robertson 1982; Gorz 1983; Rosanvallon 1988; Mückenberger et al. 1989; zusammenfassend: Frankel 1987).

Gegenüber den zuletzt genannten Entwürfen ist der Anspruch dieser Untersuchung eher bescheiden. Theoretisch und empirisch bewegt sie sich dominant in dem von den Kritikern der Dienstleistungsgesellschaftsthese und den »pragmatischen« Reformern der Sozialpolitik abgesteckten Feld. Geklärt werden sollen vor allem folgende Fragen: Wie werden in den privaten Haushalten vorhandene Ressourcen für die *Eigenarbeit* genutzt? Wie verändern sich die Bedarfe an Eigenarbeit zur Sicherung oder Erhöhung des Wohlfahrtsniveaus? Wie und in welche Richtung entwickeln sich die zeitlichen, institutionellen und motivationellen Ressourcen für die Eigenarbeit? Wie sind - mit Blick auf die veränderten Bedarfe - insbesondere die Voraussetzungen für eine Ausweitung des zwischenhaushaltlichen Austauschs von Eigenarbeitsleistungen beschaffen?

Um zu einer - ganz gewiß nicht erschöpfenden - Beantwortung dieser Fragen zu schreiten, sind vorab zwei Klärungen notwendig: Was wird in diesem Zusammenhang unter *Eigenarbeit* verstanden? Und: Warum trägt Eigenarbeit zur Wohlfahrt der privaten Haushalte bei, und wie kann durch ihre Ausweitung die Wohlfahrt erhöht werden?

Was ist Haushaltsproduktion, und warum leisten Haushalte Eigenarbeit?

Definitionen von informeller Ökonomie, Schattenwirtschaft o.ä. (und die Abgrenzungen zu anderen Bereichen des Wirtschaftens und Arbeitens) sind fast so zahlreich wie die in den letzten Jahren zu diesem Thema erschienenen Veröffentlichungen, und sie haben im Hinblick auf den jeweiligen Verwendungszweck gewiß auch ihre Berechtigung. Aus dem großen Spektrum der in der Volkswirtschaftlichen Gesamtrechnung nicht erfaßten Wertschöpfung ist für die hier verfolgten Fragestellungen nur die Produktion bzw. die Arbeit relevant, die als *Haushaltsproduktion* bzw. *Haushalts-* oder *Eigenarbeit* bezeichnet wird. Diese Begriffe werden im folgenden synonym verwendet und umfassen sachbezogene, personenbezogene und informationsverarbeitende Tätigkeiten, wie die »alltägliche« Hausarbeit, nicht-routinisierte Produktionen (z.B. Heimwerken) und Selbstbedienungsaktivitäten, die die Steigerung des Wohlfahrtsniveaus des eigenen Haushalts (bzw. seiner Mitglieder) zum Ziel haben oder die aufgrund normativer Verpflichtungen (generalisierte oder spezifische Reziprozität) für andere Personen/Haushalte ausgeführt werden. Von anderen Aktivitäten außerhalb des Erwerbs ist die Eigen-/Haushaltsarbeit dadurch unterschieden, daß ihre auf unmittelbare Bedarfsdeckung und Erhöhung des Versorgungsniveaus gerichtete Produktion prinzipiell auch von »Dritten« erbracht – also über den Markt oder von staatlichen Einrichtungen bezogen – werden *könnte*. Arbeit, die die Wohlfahrtsposition von anderen (Personen/Haushalten) als dem eigenen Haushalt verbessert, ist dann als Eigenarbeit anzusehen, wenn ein Rückfluß an Geld oder anderen Gütern nicht nach Quantität, Qualität und Fälligkeit vorab definiert ist, also kein Äquivalententausch stattfindet.[2]

Diese Definition, die u.a. Anleihen nimmt bei Hawrylyshyn (1977), Hill (1979), Joerges (1983) und Badelt (1988), entspricht dem, was man gemeinhin unter *Selbstversorgungs-* oder *Bedarfswirtschaft* versteht und was Weber (1972: 46ff.) als *Haushalten* – in Entgegensetzung zum *Erwerben* – bezeichnet. Denn Bedarfsdeckung, die das Ziel des Haushaltens darstellt, bedeutet nicht lediglich die *Verwendung* von Gütern, sondern auch die *Beschaffung* von Gütern zur »eigenen Versorgung oder .. zur Erzielung von selbst verwendeten anderen Gütern ... durch Produktion oder Tausch« (ebd.: 46) – aber eben nicht über den

2 Dadurch ist z.B. Nachbarschaftshilfe von der »Schwarzarbeit« unterschieden, denn im ersten Fall ist »das rationale ›Marktprinzip‹ für die Preisbestimmung aus(ge)schaltet« (Weber 1972: 216).

Markt. Dann läge nach der Weberschen Terminologie »*marktmäßiges Erwerben*« vor (ebd.: 48; vgl. auch Ostner 1986: 248f.). Die *Beschaffung* als Element des Haushaltens erfolgt nicht nur im Rahmen der eigenen »Hausgemeinschaft«, sondern auch durch Austausch innerhalb sekundärer Vergemeinschaftungen - namentlich der »Nachbarschaftsgemeinschaft«, die Weber (1972: 212ff.) als Erweiterung der Hausgemeinschaft ansieht.

Die hier vorgeschlagene Definition von *Eigenarbeit* bzw. *Haushaltsproduktion* ist jedoch nicht ohne Probleme und bedarf einiger Erläuterungen und weiterer Ausgrenzungen: Das von Hawrylyshyn (1977: 89) vorgeschlagene Kriterium der »dritten Person« zur Unterscheidung unbezahlter Aktivitäten in *produktive*, die *indirekten Nutzen* stiften, und *unproduktive* bzw. konsumptive, die *direkten Nutzen* abwerfen, geht auf die klassische Definition der Haushaltsproduktion von Reid (1934: 10f.) zurück.[3] Gegen die Eingrenzung der produktiven Leistungen des Haushalts auf nur solche, die prinzipiell an »Dritte« delegiert werden könnten, wurde eingewandt, daß sie »sich an den konzeptionell neutralen Austauschbedingungen des Marktes« orientiert (Thiele-Wittig 1987: 125), wohingegen die Haushaltsproduktion ja gerade auf die *Reproduktion* der Haushaltsmitglieder ausgerichtet ist. Insbesondere die alltägliche Hausarbeit ist kontext- bzw personengebunden und daher in besonderem Maße »bedeutungsgeladen« (Symbolik, Empathie usw. – vgl. ebd.: 124f.; Ostner 1986: 250ff.). Margret Reid ist sich dieser Eigenart der haushaltlichen Arbeit wohl bewußt, wenn sie davon spricht, daß darin auch Momente von »companionship«, »sympathy« o.ä. zum Tragen kommen, die die Befriedigung durch die Bereitstellung der »commodities« erhöhen und weshalb bestimmte Elemente der Haushaltsproduktion gerade *nicht* delegiert werden. Jedoch ist dieses »plus« für sie nicht Teil des ökonomischen Beitrags der Haushalte (Reid 1934: 12 und 15f.). Das Problem ist also, Haushaltsproduktion entweder zu inklusiv - tendenziell das gesamte Alltagshandeln einschließend - oder zu exklusiv - den Überschuß an aufgewandter Zeit und Energie über den (gerade *nicht*) äquivalenten Fremdbezug ausschließend - zu definieren.

---

3 »If an activity is of such character that it might be delegated to a paid worker, then that activity shall be deemed productive« (Reid 1934: 11 - vollständige Hervorhebung im Original). Dagegen: »If the utility is derived only through the ›doing‹, or by the participation of the one who uses the good, then the activity is consumption« (ebd.: 10 - vollständige Hervorhebung im Original). Dies führt dann zu der Definition: »Household production .. consists of those *unpaid activities which are carried on, by and for the members, which activities might be replaced by market goods, or paid services, if circumcstances such as income, market conditions, and personal inclinations permit the service being delegated to someone outside the household group*« *(ebd.: 11).*

Während mit der Ausdifferenzierung des Leistungsangebots marktlicher und staatlicher Organisationen für immer mehr Bedürfnisse des Haushalts Befriedigungsmöglichkeiten bereitstehen, die eine Alternative zur haushaltlichen Produktion bieten (ungeachtet der jeweiligen faktischen Zugänglichkeit z.B. aufgrund der Einkommenssituation), stellen diese marktlichen bzw. öffentlichen Angebote nicht in jedem Fall ein *wirkliches* Äquivalent zur haushaltlichen Produktion dar und werden deshalb nicht (oder nur selten) genutzt. Die Unschärfe der Produktion/Konsumption-Trennungslinie bei Anlegung des »Dritte-Person-Kriteriums« zeigt sich auch in anderer Hinsicht: Mit *jeder* Aktivität ist für die ausführende Person ein *Prozeßnutzen* verbunden, der von extrem positiv bis extrem negativ reichen kann und deshalb die Zeitallokation beeinflußt. Dies gilt auch für Eigenarbeiten, die eindeutig einen indirekten Nutzen (*Produktnutzen*) stiften. Sie mögen aber dominant wegen des »überschießenden« positiven Prozeßnutzens ausgeführt werden, so daß die Alternative eines Fremdbezugs überhaupt nicht in Betracht kommt. Beispielsweise beim Heimwerken wird man die Dominanz des Prozeßnutzens häufig unterstellen können, wenn diese prinzipiell produktive Tätigkeit als »Hobby« betrieben wird (s. auch Kapitel 3.). Deshalb hat die Definition von Eigenarbeit eine nach »unten« offene Grenze zur Freizeit (vgl. auch Jessen et al. 1985: 404).[4]

Eine nach »oben« offene Grenze zur Erwerbsarbeit ergibt sich dadurch, daß Produktionsleistungen für andere Haushalte auf Reziprozitätsbasis häufig unmittelbar mit einem Rückfluß an Geld oder Naturalien verbunden sind, der nicht lediglich als Geste der »Anerkennung« oder »Dankbarkeit« anzusehen ist, sondern dem Marktpreis für die geleistete Arbeit nahekommt. Hier geht dann die Eigenarbeit für Nachbarn oder Verwandte in (illegale Neben-)*Erwerbsarbeit* (»Schwarzarbeit«) über. Da es im folgenden nicht darum geht, den Umfang oder den ökonomischen Beitrag der Haushaltsproduktion an der Gesamtproduk-

---

4 In diese »Grauzone« fällt auch die Mitarbeit in Selbsthilfegruppen, die der eigenen Problembewältigung, Identitätsbildung und -stabilisierung o.ä. gemeinsam mit gleichartig Betroffenen dienen. Im Hinblick auf das angestrebte »Produkt« sind die Beteiligten gleichzeitig *Teil*-Produzent wie *Teil*-Konsumenten und können sich daher auch nicht durch andere Personen gewissermaßen »vertreten« lassen. Wohl könnte die Leistung auch von »Dritten« (z.B. professionellen Therapeuten) angeboten werden – insoweit stellen Selbsthilfegruppen eine Alternative z.B. zu (kostenträchtigen) öffentlichen Sozialdiensten dar –, aber die aktive Mitarbeit (Kooperation) des an seiner physischen oder psychischen Veränderung interessierten Klienten ist bei fast allen personenbezogenen Dienstleistungen gefordert (vgl. Gross 1983: 151ff.). – Die Gründe, die (gesundheitsbezogene) Selbsthilfegruppen haben stärker ins Blickfeld der Sozialstaatsdiskussion geraten ließen, die Motivationen der Beteiligten, Förderungsmöglichkeiten, Leistungsgrenzen usw. werden hier nicht weiter verfolgt (vgl. dazu Heinze et al. 1988).

tion und die Veränderungen im Zeitablauf empirisch »exakt« zu messen, sind die theoretisch-konzeptionellen Abgrenzungsprobleme hier nicht entscheidend (vgl. dazu Schettkat 1982: 30ff.; Jessen et al. 1985: 402ff.).

Ausgegrenzt aus der oben getroffenen Definition von Haushaltsproduktion sind unbezahlte Arbeiten, die aus altruistischen Motiven (z.B. ehrenamtliche Arbeit in Kirchengemeinden oder Wohlfahrtsverbänden) oder »staatsbürgerlicher Gesinnung« (Mitarbeit in der freiwilligen Feuerwehr oder in politischen Parteien) oder in Berufsverbänden geleistet werden. Diese »Freiwilligenarbeit« (vgl. Badelt 1988) substitutiert teilweise Produktionsleistungen des formellen Sektors (gibt es doch eben auch Gemeindeschwestern, die Berufsfeuerwehr, hauptamtliche Funktionäre und Verbandsvertreter), aber zwischen den Personen, die diese unbezahlte Arbeit leisten, und den Leistungsempfängern außerhalb des eigenen Haushalts besteht keine Reziprozitätsbeziehung (wenn sich die »Leistungen« und die »Empfänger« überhaupt konkret feststellen lassen, wie z.B. bei der ehrenamtlichen Partei- oder Verbandsarbeit). Entwicklungstendenzen in diesem Bereich des informellen Sektors werden deshalb in den nachfolgenden Kapiteln nicht behandelt.

In der o.g. Kritik an dem »Dritte-Person-Kriterium« wurde bereits ausgeführt, daß Haushalte Eigenarbeit leisten, weil Leistungsangebote »Dritter« nicht vorhanden sind oder – wo sie existieren – die Angebote des Marktes oder Staates wegen ihrer *Qualität* kein wirkliches Äquivalent darstellen. Die spezifische Attraktivität bzw. Wohlfahrtsproduktivität, die die Haushalte motiviert, Eigenarbeit zu leisten ist damit aber noch nicht vollständig benannt. Aus dem wohl noch vielfältigeren Motivationsspektrum seien vier Begründungsstränge angeführt, von denen Joerges (1983: 255) hypothetisch drei nennt, nämlich (a) die Rationalitäts-, (b) die Wertwandels- und (c) die Ausbeutungshypothese. M.E. läßt sich noch eine weitere anfügen – (d) die Privatismushypothese.

(a) Gemäß der *Rationalitätshypothese* wägt der Haushalt ab, ob es hinsichtlich seines Versorgungsniveaus günstiger ist, daß insgesamt mehr Erwerbsarbeitszeit angeboten und mit dem erzielten höheren Geldeinkommen ein größeres Güter- und Dienstleistungsbündel am Markt gekauft wird, oder es vorteilhafter ist, mehr Zeit für Eigenarbeit zu verwenden, um durch Kombination mit dem gegebenen (vergleichsweise kleineren) Bündel von am Markt erworbenen Gütern und Leistungen ein höheres Nutzenniveau zu erreichen. Wie bereits oben angedeutet (und in dem Abschnitt über das »Do-it-yourself« im 3. Kapitel weiter ausgeführt), ist u.a. wegen der überproportionalen Preissteigerungen für Dienstleistungen die zweite Alternative in vielen Fällen überlegen. Da das Erwerbsarbeitszeitvolumen und damit das verfügbare Geldeinkommen vom Haushalt nur in engen Grenzen frei variiert werden kann, erhöht sich durch ausgedehnte Eigenarbeit das Wohlfahrtsniveau, denn es werden Gebrauchswerte überhaupt bzw. in einem größeren Umfang verfügbar, die wegen anderer dringlicherer

Einkommensverwendungen ansonsten nicht zugänglich wären. Überdies ist die Höhe des verfügbaren Einkommens allein noch nicht entscheidend für das Wohlfahrtsniveau des Haushalts: Informations- und Kompetenzbeschaffung, die Bestandteil der Eigenarbeit sind, können zu einer höheren Kaufeffizienz eines gegebenen Einkommens führen (vgl. Joerges 1983: 262). *Rational* ist Haushaltsproduktion aber nicht nur, weil sie die »Ergiebigkeit« des Einkommens steigert, sondern auch wegen der Verbesserung der zeitlichen Erreichbarkeit von Gebrauchswerten: Durch Kombination von unbezahlter Arbeit der Haushaltsmitglieder mit erworbenen (langlebigen) Gebrauchsgütern können Leistungen zum gewünschten Zeitpunkt bereitgestellt werden – unter Vermeidung von Wartezeiten (z.B. auf Reparaturhandwerker, einschließlich der Kosten für ihre Wegezeiten), unabhängig von Öffnungs- bzw. Betriebszeiten von Dienstleistungsanbietern oder sonstigen Einschränkungen (z.B. durch Fahrpläne öffentlicher Transportunternehmen – vgl. Skolka 1976: 292).

Energietechnisch gesprochen liegt die Rationalität der Haushaltsproduktion in der »Abwärmereduzierung«: Gegenüber dem Verfahren, das Maximum an Arbeitsleistung für den Erwerb einzusetzen und mit dem erzielten Nettoeinkommen »fertige« Güter und Leistungen am Markt zu kaufen, vermeidet der direkte Einsatz eines Teils dieser Arbeitsleistung im Haushalt die Zahlung von Einkommen- und Verbrauchsteuern, Sozialabgaben oder Gewinnanteilen, die im Preis kommerzieller Leistungsanbieter enthalten sind. Für den einzelnen Haushalt wird die eingesetzte (Arbeits-)»Energie« mit weniger Wärmeverlusten wirksam, d.h. die Reallokation der Arbeitsleistung führt zu höherer Wohlfahrt.

(b) Entsprechend der *Wertwandelshypothese* leisten private Haushalte Eigenarbeit, weil sie (vielfach) humaner, selbstbestimmter und inhärent befriedigender ist als Erwerbsarbeit. Jenseits der zweckrationalen Bestimmung mögen solche ganzheitliche Arbeitsvollzüge und expressiven Aktivitäten innerhalb des Haushalts unbefriedigende Erwerbsarbeitssituationen *kompensieren*, aber auch durchaus eine abwechslungsreiche, interessante und befriedigende Erwerbsarbeit in anderen Kontexten *verlängern* oder *ergänzen*. Zudem entspricht vielfach die besondere »Qualität« der der selbsterstellten Produkte gewandelten Wertvorstellungen, die abnehmend durch massenproduzierte, standardisierte Güter realisiert werden können.

(c) Die *Ausbeutungshypothese* besagt, daß die Haushalte (vermehrt) Eigenarbeit leisten, weil private oder staatliche Anbieter für die Haushalte unverzichtbare produktive oder distributive Leistungen nicht (mehr) erbringen und an die Haushalte externalisieren (vgl. Joerges 1983: 256). So mögen öffentliche Leistungsangebote der überproportionalen Kostensteigerungen wegen nicht adäquat veränderten Bedarfslagen angepaßt oder entsprechend zahlenmäßig gewachsener Bedarfslagen ausgebaut werden, so daß die Haushalte gezwungen werden, auftretende Leistungsdefizite selbst zu bearbeiten. Oder private Unternehmen gehen im Rahmen von Rationalisierungsstrategien dazu über, bestimmte Leistungen (z.B. Vollbedienung, Anliefern und Aufstellen von Möbeln) den Kunden zu übertragen. Dabei kommt es durchaus vor, daß Unternehmen die *Rationalität* der konsumierenden Haushalte »ausbeuten«, wenn sie absatzstrategisch bestimmte Leistungen reduzieren und die Kostenersparnis an den heimwerkenden oder sich selbst bedienenden Kunden weitergeben, wie es überhaupt denkbar ist, daß ein Gutteil der Eigenarbeit, die gemäß der Ausbeutungshypothese geleistet wird, eine Konsequenz der individuellen Rationalität der privaten Haushalte darstellt: So kann beispielsweise die (wegen der damit verbundenen größeren zeitlichen Autonomie) vermehrte Nutzung eigener Transportmittel dazu führen, daß schlechter ausgelastete Strecken der öffentlichen (Nah-)Verkehrssysteme nicht mehr bedient werden und die Haushalte nunmehr gezwungen sind, ständig den eigenen Pkw zu benutzen. Eine vergleichbare Reduzierung der Optionen stellt sich ein, wenn die Haushalte vermehrt ihre Einkäufe in den preisgünstigeren Supermärkten tätigen und der »Tante-Emma-Laden« in der Nachbarschaft deshalb schließt. Die negativen Effekte treten in beiden Fällen sozial selektiv ein, d.h. benachteiligen die, die keine eigenen Transportmittel besitzen.

(d) Wenn die Haushalte »final service functions« (Unterhaltung, Transport usw. zunehmend durch die Kombination von Markt*gütern* im Eigenbesitz (Autos, Waschmaschinen), *Infrastruktur* (Straßen, Elektrizität), *intermediate services* (Fernsehprogramme, Reparaturleistungen) *und* eben *Eigenarbeit* selbst produzieren (vgl. Gershuny 1983), dann auch deshalb, weil auf diese Weise *Privatheit* erhalten oder gesteigert werden kann. So erlaubt die Nutzung des eigenen Pkws räumliche Mobilität ohne Verlassen des engeren Privatbereichs. Haushaltsproduktion entsprechend der *Privatismushypothese* zeigt sich u.a. auch in der Urlaubsgestaltung: Die Anmietung einer Ferienwohnung statt eines Aufenthalts in einem Hotel gestattet Entspannung und Anregung in fremder Umgebung mit selbst zu bestimmendem »Privatheitsanteil«. Sehr viel mehr Beispiele für Haushaltsproduktion, wo dieses Motiv *auch* eine Rolle spielt, lassen sich leicht finden.

Hypothesen und Vorgehensweise

Zielsetzung dieser Untersuchung ist es – wie weiter oben bereits angedeutet –, die sozioökonomischen *Voraussetzungen*, die *Bedarfslagen* und die *Interessen* von Haushalten bzw. Haushaltsmitgliedern für eine Erweiterung der Möglichkeiten zur Selbstversorgung durch Eigenarbeit und zur Beteiligung an haushaltsübergreifenden Arrangements des Bedarfsausgleichs durch Gebrauchswertproduktion zu bestimmen. Ausgegangen wird dabei von Hypothesen, die Rolf G. Heinze und Claus Offe in einem 1987 erschienenen Aufsatz formulierten und die zugleich eine grobe Gliederung für die vorliegende Untersuchung vorgeben. Diese Hypothesen lassen sich als Tendenzaussagen, die sich auf die für die Versorgungslage der privaten Haushalte relevanten Medien *Zeit* und *Geld* beziehen, in einem Schema verorten (s. Übersicht 1 – die Darstellung entspricht nicht ganz genau der von Heinze/Offe [1987: 153]).

Übersicht 1: *Globale Entwicklungsannahmen über die Verfügbarkeit und Wohlfahrtsproduktivität der Haushaltsressourcen »Zeit« und »Geld«*

	Verfügbarkeit	Wohlfahrts-produktivität
Zeit	$t_0 \rightarrow t_1$: ↑ *[Kap. 2.]* (1)	$t_0 \rightarrow t_1$: ↓ *[Kap. 3.]* (2)
Geld	(3) $t_0 \rightarrow t_1$: ↓ *[Kap. 4.]*	(4) $t_0 \rightarrow t_1$: ↑ *[Kap. 5.]*

Bevor diese Hypothesen näher erläutert werden, erscheint es notwendig, auf den recht trivialen Sachverhalt hinzuweisen, daß die wohlfahrtsrelevanten Ressourcen der Haushalte grundsätzlich nur in den *Zeit*kontingenten ihrer *arbeitsfähigen* Mitglieder bestehen, und zwar nur der Zeiten, die nicht für die physische Reproduktion (Schlafen, Essen usw.) verwendet werden müssen. In einer arbeitsteiligen Geldwirtschaft ist – um auch nur die minimale Reproduktion der Haushaltsmitglieder erreichen zu können – der Einsatz eines Teils dieser Zeit für den Gelderwerb notwendig (es sei denn, aufgrund von Schenkung, Erbschaft o.ä. stehen ausreichende Geldmittel zur Verfügung). Die durch selbständige Erwerbsarbeit oder Verkauf der Arbeitskraft erzielten Geldressourcen stehen neben den verbleibenden Zeitressourcen und werden zum Kauf von Gütern und Leistungen am Markt ausgegeben. Substitutive oder ergänzende Geldressourcen fließen den Haushalten aufgrund früherer Erwerbsarbeit (Rente, Arbeitslosenunterstützung) oder aufgrund von Rechtstiteln (Kindergeld, Sozialhilfe) zu - ebenso wie andere geldwerte Ressourcen (z.B. Leistungen des Gesundheitssystems). Die Geldressourcen sind - wie zu zeigen sein wird - hinsichtlich ihrer Wohlfahrtsproduktivität von anderer »Qualität« als Zeitressourcen und sind wohlfahrtsrelevant auch für die von der Erwerbsarbeit nicht okkupierten Zeitressourcen, die entweder für unbezahlte Arbeiten - Haushaltsproduktion von Gütern und »humanen« Leistungen (wie Pflege oder Kinderbetreuung) - eingesetzt oder ausschließlich »konsumptiv« (als Freizeit) verwendet werden. Gegebenenfalls fließen den Haushalten darüber hinaus Gebrauchswerte aus der unbezahlten Arbeitszeit anderer Haushalte zu, oder eigene, produktiv eingesetzte Zeitressourcen werden aufgrund von Reziprozitätsbeziehungen an andere Haushalte abgegeben.[5]

Die Aussage in Zelle 1 des Vierfelder-Schemas ist, daß die Verfügbarkeit der privaten Haushalte über institutionell ungebundene Zeit tendenziell zunimmt, diese wachsenden »freien« Zeitressourcen aber - gemäß der Aussage in Zelle 2 - für die Haushalte tendenziell weniger »wert« sind, d.h. in sinkendem Maße zum Zweck der Wohlfahrtssteigerung eingesetzt werden können. Jedenfalls gilt das - so die Annahme -, wenn sich nicht ebenfalls die Verfügbarkeit über monetäre Ressourcen verbessert. Die in Zelle 3 enthaltene Aussage besagt jedoch, daß im Zeitablauf die Verfügbarkeit von »Geld« hinsichtlich Höhe und Stetigkeit abnimmt bzw. (mindestens) die Erwartungssicherheit der Haushalte über die künftige Einkommensversorgung schwindet. Diese Entwicklung wäre dann fatal, träfe auch die Aussage von Zelle 4 zu: Die für die Wohlfahrt der Haushalte relevanten Leistungen werden immer »geldabhängiger«, d.h. sie verlangen zunehmend die Verausgabung von stagnierendem bzw. hinsichtlich Höhe und Stetigkeit ungewissem Einkommen. Diese vier Entwicklungsannahmen zusammengenommen ergeben die folgende Aussage: Die tendenziell »wertlosere« Ressource »Zeit« wird immer reichlicher verfügbar, die knappe und zugleich immer »wohlfahrtsrelevantere« Ressource »Geld« wird noch knapper.

Ließen sich diese Tendenzaussagen sämtlich oder auch nur für eine der beiden Zeilen des Schemas empirisch bestätigen, dann gäbe es eindeutigen Anlaß und politischen Handlungsbedarf, nach neuen und zusätzlichen institutio-

---

5 Auf die sozialen Normen, die diesen Ressourcenaustausch bestimmen, sei hier nicht weiter eingegangen und ebenfalls nicht auf den Ressourcenfluß *innerhalb* der Haushalte bzw. die dahinterstehenden Machtbeziehungen (vgl. dazu ausführlicher Brannen/Wilson 1987: 2ff.).

nellen Arrangements des Bedarfsausgleichs Ausschau zu halten, die über veränderte Allokationen der sich in der Verfügbarkeit gegenläufig entwickelnden Ressourcen »Zeit« und »Geld« das Wohlfahrtsniveau der Haushalte beizubehalten oder gar zu steigern erlaubten. Dies wären sozialtechnologische Innovationen, die einerseits die Angewiesenheit der Haushalte auf Erwerbseinkommen (bzw. sozialstaatliche Transfers als Ersatzeinkommen) tendenziell vermindern und andererseits Möglichkeiten eröffnen, mehr bzw. bislang nur konsumptiv verwendbare Zeitkontingente produktiv zur individuellen bzw. haushaltlichen Wohlfahrtssteigerung einzusetzen. Es ginge also um eine »Requalifizierung« der Zeit in dem Sinne, daß sie in nicht-inferiorer und nicht-stigmatisierender Weise auch als »Geldsurrogat« produktiv verwendbar wäre.

Wenn es mittels solcher Innovationen gelänge, die Wohlfahrtsproduktion in den Haushalten zu steigern, würden die gesellschaftliche Wohlfahrtsentwicklung und die Sozialproduktsentwicklung weiter auseinanderfallen. Die Konsequenz wäre aber auch, daß ein Wachstum der Haushaltsproduktion, die bis dato erwerbsförmig organisierte Produktion zumindest teilweise ersetzt, die Arbeitskräftenachfrage vermindert und damit das Problem abnehmender Sicherheit über Höhe und Stetigkeit des Geldressourcenstroms vergrößert (vgl. Zelle 3 in der Übersicht 1). Wenn diese Gefährdungen sich nicht selektiv bei bestimmten Arbeitskräftekategorien niederschlügen, wäre die tendenzielle Verminderung der erwerbsförmig organisierten Produktion nicht nur unproblematisch, sondern sogar eher zu begrüßen, weil auf diese Weise »Abwärme« reduziert würde, d.h. der Wohlfahrtswert der (direkten) Haushaltsproduktion höher läge als beim »Umweg« über die geldvermittelte, erwerbsförmig ausgestaltete Produktion.

Als ein solches institutionelles Arrangement der Gebrauchswertsproduktion *zwischen* Markt/Staat einerseits und der unmittelbar haushaltsbezogenen Eigenarbeit andererseits wird von Offe/Heinze (1987) das Modell des *Kooperationsrings* vorgeschlagen. Es geht dabei um einen *überhaushaltlichen* Austausch von Leistungen (haushaltsinterne Versorgungsleistungen bleiben ausgeklammert) auf »lokaler« Ebene (größere Nachbarschaft, Wohnviertel), wodurch die Leistungsgrenzen einzelner Privathaushalte erweitert (»Maßstabsvergrößerung«) und »Skalenerträge« erzielt werden können. Der Austausch erfolgt mittels einer »Spezialwährung« in Form von nicht in Geld konvertierbaren Gutscheinen und folgt somit dem Äquivalenzprinzip, d.h. ermöglicht auch Transaktionen zwischen Haushalten, die nicht durch freundschaftliche oder intensive nachbarschaftliche Beziehungen miteinander verbunden sind. Gutscheine, die für eine Stunde (oder ein Bruchteil davon) Arbeit – unabhängig von der Art (Schwere, Qualifikationsvoraussetzung o.ä.) der Leistung oder der Intensität des Bedarfs – eines Mitglieds des Kooperationsrings hingegeben bzw. empfangen werden, sind das Medium, die unterschiedlichen Leistungspotentiale und Bedarfe der beteiligten Haushalte zusammenzubringen.[6] Die Erwartung ist, daß *außerhalb* des fiskalischen bzw. marktlichen Geldnexus und *oberhalb* der engen haushaltlichen Produktion brachliegende Tätigkeitspotentiale erschlossen werden, die zu einer qualitativen und quantitativen Verbesserung der Versorgungslagen der an einem solchen Kooperationsring beteiligten Haushalte führen. Da nicht davon ausgegangen wird, daß solche Tauschringe sich spontan bilden und stabilisieren, wird vorgeschlagen, daß öffentliche Träger (z.B. Kommunen) initiativ tätig werden und den Aufbau auch finanziell fördern, können sie doch möglicherweise damit rechnen, daß sich an anderer Stelle (im Bereich sozialer Dienste) gewisse Ausgabenersparnisse einstellen.

Das Kooperationsring-Modell ist gewiß nicht die einzig denkbare reformpolitische Lösung zur Aufwertung und wohlfahrtsproduktiven Umwandlung von frei verfügbaren Zeitressourcen der privaten Haushalte. Andere mögliche Formen der Optionenerweiterung durch neuartige Bedarfsausgleichssysteme stehen hier aber ebensowenig zur Diskussion wie die Erörterung von Fragen der detaillierten Ausgestaltung, der Förderungsmöglichkeiten, der Chancen für eine breitflächige Verbreitung, der Probleme dauerhaften Funktionierens usw., die im Zusammenhang mit dem Kooperationsring-Modell auftauchen.[7] Statt dessen geht es im folgenden zentral um die empirische Validität der globalen Tendenzaussagen der Zellen 1 - 4 des Schemas (s. Übersicht 1) und ihre wahrscheinlich notwendige Einschränkung und Differenzierung. Die in den jeweiligen Zellen des Schemas in eckigen Klammern genannten Kapitelnumerierungen geben an, an welcher Stelle diese Aussagen überprüft werden.

In den vorangegangenen Ausführungen wurde immer schon von *Haushalten* und nicht von *Individuen* gesprochen. Es wird hier - der *Neuen Haushaltsökonomie* folgend - von Haushalten als den funktionalen Einheiten der Konsumption und Produktion ausgegangen. Ein kurzes Durchdenken der in dem Vierfelder-Schema enthaltenen Prämissen und Tendenzaussagen läßt bereits erkennen, das diese nicht für alle ca. 26 Mio. privaten Haushalte in der Bundesrepublik gleichermaßen zutreffen dürften. Deshalb ist es sinnvoll, vorab verschiedene

6 Als »Ein-Gut-Austauschsysteme« haben Kooperationsringe bereits eine gewisse Verbreitung gefunden, z.B. als Vereinigungen von Eltern, die gegen Abgabe bzw. Empfang von Gutscheinen oder ähnlichem die stundenweise Betreuung von Kindern durch andere Eltern in diesem Verbund organisieren.

7 Vgl. dazu den von Rolf G. Heinze, Claus Offe und Mitarbeitern verfaßten Forschungsbericht, der Ende 1989 unter dem Titel *Organisierte Eigenarbeit* im Campus Verlag erscheint. Dort werden auch aus- und inländische Erfahrungen mit Kooperationsringen und verwandten Arrangements evaluiert und detaillierte Überlegungen zu den Rahmenbedingungen und den erwartbaren Wirkungen von Kooperationsringen angestellt.

Haushaltstypen zu definieren und für diese jeweils getrennt eine Überprüfung ihrer Geld- und Zeitressourcen, ihres aktuellen Engagements in der Haushaltsproduktion sowie den Aussichten einer möglichen Ausweitung vorzunehmen. Die Vielfalt der vorfindbaren Haushaltstypen macht es jedoch unmöglich, für *alle* privaten Haushalte differenzierende Aussagen zu treffen. Folgende Typisierung erfaßt etwa 92 Prozent der 26,7 Mio. Haushalte des Jahres 1986 in der Bundesrepublik:

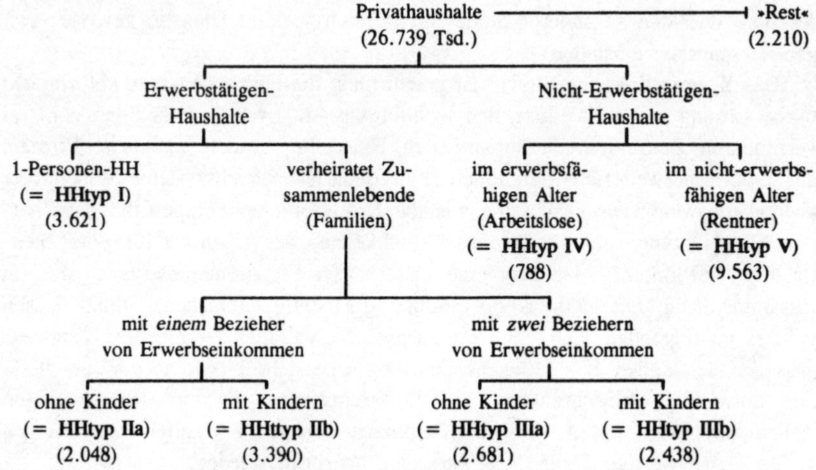

[Quellen: StBA 1986: 68, 91 und 123; Müller-Krumholz 1988: 501 (Arbeitslosenhaushalte)]

In dieser Typologie[8] bleiben u.a. die sehr heterogenen Haushalte von Alleinstehenden mit Kindern[9] und Haushalte von Personen in Ausbildung (Studie-

---

8 Der Einfachheit wegen werden im folgenden die verschiedenen Haushaltstypen (HHtypen) nur noch nach der hier vorgenommenen Numerierung benannt, also:

I	=	1-Personen-Haushalt eines/r Erwerbstätigen
IIa	=	Ehepaar mit erwerbstätigem Familienvorstand und nicht-erwerbstätiger Ehefrau ohne Kind(er) unter 18 Jahren
IIb	=	wie IIa, aber *mit* Kind(ern) unter 18 Jahren
IIIa	=	»doppelverdienendes« Ehepaar ohne Kind(er) unter 18 Jahren
IIIb	=	wie IIIa, aber *mit* Kind(ern) unter 18 Jahren
IV	=	(Ein- oder Mehrpersonen)-Haushalt mit arbeitslosem Haushaltsvorstand
V	=	(Ein- oder Mehrpersonen)-Haushalt mit Rentner(in) als Haushaltsvorstand

9 1987 wurden in der Bundesrepublik 953.000 unvollständige *Familien* (mit Kindern unter 18 Jahren) gezählt (vgl. StBA 1987: 214).

rende) unberücksichtigt. Sie sind in dem sog. »Rest« von gut 2 Mio. Haushalten enthalten. Der Haushaltstyp I (1-Personen-Haushalte von Erwerbstätigen) gehört zu den Haushaltstypen, die in den letzten Jahrzehnten am stärksten an Gewicht gewannen (Anteil an allen Privathaushalten 1957: 7,2 Prozent; 1987: 13,8 Prozent - StBA 1987: 203). Bedingt durch das durchschnittlich steigende Heiratsalter und die Zunahme von geschiedenen bzw. getrennt lebenden Personen wird diese Anteilsverschiebung auch in der Zukunft noch anhalten. Eine Fortsetzung des Wachstums dürfte ebenfalls für die Nicht-Erwerbstätigenhaushalte gelten, insbesondere für die Haushalte von Rentnern (HHtyp V), die 1986 zur Hälfte aus 1-Personen-Haushalten und zu anderen Hälfte aus Mehrpersonen-Haushalten bestanden. Die steigende Lebenserwartung, d.h. daß immer mehr Menschen ein hohes Lebensalter erreichen, ist der entscheidende Grund für die Zunahme der Haushalte des Typs V. Innerhalb der Kategorie der Nicht-Erwerbstätigen-Haushalte ist sinnvollerweise zwischen diesen Rentnerhaushalten und denen von Arbeitslosen (HHtyp IV) zu unterscheiden. Die Haushalte, denen ein Arbeitsloser vorsteht, stellen in ihrer Zusammensetzung keine stabile Größe dar, sind in der Summe aber in den letzten 16 Jahren stark angewachsen (1970 noch 60.000 - vgl. Müller-Krumholz 1988: 501) und verdienen auch deshalb besondere Beachtung, weil sie gegenüber den Erwerbstätigen zusätzlich über ein aktuell unverkäufliches Zeitpotential »verfügen« können. Andererseits steht ihnen regelmäßig nur ein reduziertes Geldeinkommen zur Verfügung (im Durchschnitt nur 60 Prozent des Einkommens von Arbeitnehmer-Haushalten - vgl. ebd.: 505).

Familien (verheiratet zusammenlebend), denen ein männlicher Erwerbstätiger vorsteht (HHtypen IIa/b und IIIa/b), bilden nicht in jedem Fall auch den gesamten Haushalt, so z.B. nicht bei den allmählich auf geringe Größenordnungen schrumpfenden 3-Generationen-Familien; aber bei der ganz überwiegenden Mehrheit der Erwerbstätigenfamilien sollte dies der Fall sein.[10] Hinsichtlich der Verfügbarkeit über die Ressourcen »Geld« und »Zeit« erscheint es notwendig, sowohl nach der Zahl der Einkommensbezieher (Ehepartnerin erwerbstätig oder nicht) als auch nach dem Kriterium, ob Kinder unter 18 Jahren im Haushalt leben oder nicht, zu unterscheiden. In der Zusammensetzung dieser Haushalts-

10 Unberücksichtigt bleiben hier die statistisch nur unzureichend erfaßten »nicht-ehelichen Lebensgemeinschaften« (NLG), in denen mindestens ein Partner erwerbstätig ist. Sonderauszählungen von Mikrozensen ergaben, daß der Umfang der NLG zwischen 1972 und 1985 um 504 Prozent zugenommen hat (vgl. Lengsfeld/Linke 1988: 353f.). Die für 1985 ermittelte Zahl von 1,37 Mio. ist nach Ansicht der Autoren als Untergrenze anzusehen. Eindeutig ist jedoch, daß NLG ganz extrem in der Altersklasse 18 - 35 Jahre zugenommen haben und Personen mit höheren Bildungsabschlüssen häufiger unverheiratet zusammenleben (vgl. ebd.: 354f.).

typen haben sich in den letzten Jahrzehnten erhebliche Veränderungen ergeben: Relativ angewachsen ist einmal der Anteil der Erwerbstätigen-Haushalte von Ehepaaren, in denen *keine* Kinder unter 18 Jahren leben (HHtyp IIa und IIIa), nämlich von 27,7 Prozent im Jahr 1961 auf 46,4 Prozent in 1987 (vgl. StBA 1961: 42 und 1987: 130).

Zum anderen stieg zu Lasten der Haushalte des Typs IIa/b der Anteil der Erwerbstätigen-Haushalte mit *zwei* Einkommensbeziehern, d.h. in immer mehr Familien im erwerbsfähigen Alter sind beide Ehepartner erwerbstätig (s. Tab. 1). Am deutlichsten wird das Wachstum des HHtyps IIIa/b, nimmt man aus der Kategorie der Erwerbstätigen-Haushalte die mit einem selbständig erwerbstätigen Ehemann heraus, denn in der Landwirtschaft, im Handwerk oder im Einzelhandel ist seit jeher die Ehefrau regelmäßig als mithelfende Familienangehörige (oder »Scheinarbeitnehmerin«) im Betrieb tätig: In Arbeitnehmerhaushalten hat sich seit 1950 der Anteil der ebenfalls erwerbstätigen Ehefrauen mehr als *verdreifacht*, wobei der größte Anstieg bereits in die ersten beiden Jahrzehnte nach Gründung der Bundesrepublik fällt. Während das damals starke Arbeitsplatzwachstum einen entsprechenden Nachfragesog ausübte, stagniert bei beschränkter Aufnahmekapazität des Arbeitsmarktes in den achtziger Jahren der Anteil erwerbs*tätiger* Ehefrauen. Jedoch ist die Erwerbsquote der verheirateten Frauen – insbesondere in den Altersgruppen zwischen 20 und 55 Jahren – laufend angestiegen. Da darin auch die erwerbs*losen* Frauen enthalten sind, bedeutet dies, daß mehr erwerbswillige Ehefrauen aktuell keine Beschäftigung finden konnten (vgl. Heidenreich 1989: 332).

Tabelle 1: *Entwicklung der Erwerbsbeteiligung von Erwerbstätigen- bzw. Arbeitnehmerehefrauen (insgesamt bzw. mit/ohne Kindern unter 18 Jahren) in Prozent, 1950 bis 1987*

	Ehemann = Erwerbstätiger			Ehemann = Arbeitnehmer		
Jahr	insgesamt	kein Kind unter 18 Jahren	mit Kind(ern) unter 18 Jahren	insgesamt	kein Kind unter 18 Jahren	mit Kind(ern) unter 18 Jahren
1950	25,0	–	–	14,1	–	–
1961	36,6	44,9	33,5	29,1	40,1	25,1
1970	39,9	48,8	34,7	35,0	45,5	29,1
1980	47,5	56,4	42,2	43,7	54,0	37,7
1987	48,7	56,3	42,1	44,5	53,0	37,5

[berechnet nach: WiSta 1956: 459 (für 1950); StBA 1961: 42; StBA 1970: 53f.; StBA 1980: 73; StBA 1987: 130]

Tab. 1 zeigt auch, daß in Erwerbstätigen- bzw. Arbeitnehmerhaushalten mit minderjährigen Kindern die Ehefrauen nach wie vor deutlich weniger häufig einer Erwerbstätigkeit nachgehen. In Familien mit einem erwerbstätigen Ehemann im Alter zwischen 25 und 45 Jahren ist die Differenz besonders groß: In kinderlosen Familien betrug die Erwerbsquote der Ehefrauen 81,2 Prozent; in Familien mit Kindern war 1987 die Ehefrau nur zu 43,0 Prozent ebenfalls erwerbstätig (vgl. StBA 1987: 143f.). Insgesamt betrachtet ist der Abstand zwischen der Erwerbsquote von *Arbeitnehmer*-Ehefrauen mit minderjährigen Kindern und der von kinderlosen Ehefrauen seit 1961 jedoch kleiner geworden.

Durch diese Veränderungen werden traditionelle Ungleichheitslinien (z.B. nach Arbeitern, Angestellten und Beamten) verwischt, denn die Lebenslage der Haushalte wird zunehmend davon bestimmt, wieviel Haushaltsmitglieder tatsächlich ein Erwerbseinkommen erzielen (können), wieviel Kinder mitzuversorgen sind (was wiederum die Zahl der Verdiener beeinflußt) und ob Geld- und Sachvermögen vererbt wurde bzw. solche Übertragungen erwartet werden können (s. dazu Kapitel 4.).

2. Wachstum verfügbarer Zeitkontingente?

Verkürzungen der Arbeitszeit und Entwicklung der »freien« Zeitressourcen

Der nach wie vor größte Block der »wachen« Zeit der Menschen im erwerbsfähigen Alter wird für Arbeit gegen Entgelt verwandt. Bekanntlich ist die Arbeitszeit pro *Arbeitnehmer* seit etwa den siebziger Jahren des vorigen Jahrhunderts deutlich gesunken. Zwischen 1950 und 1985 wurde durch tarifvertragliche Regelungen die durchschnittliche Jahresarbeitszeit (tarifliche Soll-Arbeitszeit) der beschäftigten Arbeitnehmer um gut ein Viertel reduziert, nämlich von 2.344 Stunden auf 1.730 Stunden (vgl. Kohler/Reyher 1988: 210).[11] Der Übergang von der 48-Stunden-Woche zur 40-Stunden-Woche machte etwa drei Fünftel der Reduzierung aus, die Verlängerung des Jahresurlaubs den Rest. Seit 1985 hat sich die tarifliche Wochenarbeitszeit für die Mehrheit der Arbeitnehmer auf unter 40 Stunden vermindert: Ende 1988 waren für 83,9 Prozent der 17,4 Mio. tarifvertraglich erfaßten Arbeitnehmer Wochenarbeitszeiten von unter 40 Stunden vereinbart oder bereits in Kraft; die wöchentliche Regelarbeitszeit betrug knapp 39 Stunden - vgl. Clasen 1989: 19).[12]

Dieser Prozeß der Verkürzung der tarifvertraglichen Durchschnittsarbeitszeit dürfte sich auch in Zukunft fortsetzen; über das Ausmaß (und die Randbedingungen) läßt sich jedoch nur spekulieren. Mit Sicherheit kann aber angenommen werden, daß die Präferenzen der Arbeitnehmer für weitere Arbeitszeitverkür-

---

11 Arbeitszeitdaten für den Zeitraum 1950 bis 1960 entstammen unveröffentlichten Berechnungen des Instituts für Arbeitsmarkt- und Berufsforschung, die freundlicherweise von Herrn *Hans Kohler* zur Verfügung gestellt wurden.

12 Verkürzt haben sich in den letzten Jahrzehnten ebenfalls die Arbeitszeiten der Selbständigen und mithelfenden Familienangehörigen. Sie arbeiten aber - nach eigener Einschätzung - durchschnittlich länger als Arbeitnehmer (vgl. die entsprechenden Angaben bei Kohler/Reyher 1988: 70).

zungen (sofern sie organisationspolitisch überhaupt auf einen gemeinsamen Nenner zu bringen sind) sich nicht verstärken werden, wenn es nicht zu einer deutlichen Steigerung der Erwerbseinkommen kommt, die notwendig ist, um die vergrößerte erwerbsfreie Zeit entsprechend den vorherrschenden kulturellen und institutionellen Formen und Normen individuell befriedigend - d.h. vorwiegend konsumierend - zu verwenden, *oder* es finden sich neue institutionelle Gelegenheiten zu weniger geldintensiver oder sogar geldsubstituierender Zeitverwendung.

Kurzschlüssig und undifferenziert wäre es jedoch, wollte man die stattgefundenen Arbeitszeitverkürzungen generell mit einer Vermehrung *frei verfügbarer* Zeit aller Erwerbstätigen-Haushalte gleichsetzen oder würde man eine solche Vermehrung von den in der gegenwärtigen arbeitszeitpolitisch »aktiven« Phase ablaufenden Verkürzungen der Normalarbeitszeit umstandslos erwarten.

Außer Betracht bleiben können an dieser Stelle zunächst die Haushaltstypen IV und V, da von der »wachen« Zeit der Arbeitslosen und Rentner vorübergehend oder dauerhaft keine Anteile vom System der Erwerbsarbeit absorbiert werden. Bei den Erwerbstätigen-Haushalten haben die tariflichen Arbeitszeitverkürzungen die durch Erwerbsarbeit nicht gebundenen Zeitkontingente in den Haushalten des Typs I und IIa/b (für den erwerbstätigen Ehemann) vergrößert. Die Haushalte des Typs IIa/b haben jedoch im Zeitablauf gegenüber denen des Typs IIIa/b an Gewicht verloren (s.o., Tab. 1). D.h. in immer mehr Erwerbstätigen-Familien bieten *beide* Ehepartner ihre Arbeitskraft auf dem Arbeitsmarkt an und *erhöhen* damit die Erwerbsarbeitszeit pro Haushalt - selbst wenn man die zwischenzeitlich erfolgten Verkürzungen der Normalarbeitszeit in Rechnung stellt und weiterhin berücksichtigt, daß die Fortsetzung der Erwerbstätigkeit der Frauen in diesen Haushalten nach der Eheschließung oder die Wiederaufnahme ihrer beruflichen Arbeit im Anschluß an die sog. »familiale Pause« in etwa 40 Prozent der Fälle auf reduzierter Stundenbasis erfolgt. 1988 waren 30 Prozent aller abhängig erwerbstätigen Frauen teilzeitbeschäftigt; der weitaus überwiegende Teil davon (83 Prozent) war verheiratet, und nur ein unbedeutender Anteil (knapp 5 Prozent) der Ehefrauen mußte mit einer Teilzeitbeschäftigung vorliebnehmen, weil keine Vollzeittätigkeit zu finden war (vgl. Heidenreich 1989: 337).

Die Größenordnung dieses Wandlungsprozesses seit 1950 wird aber erst durch folgenden Vergleich deutlich: So ging 1950 in der damals noch »typischen« Arbeitnehmerfamilie der Ehemann durchschnittlich 2.434 Stunden seiner Erwerbsarbeit nach; in nur 14 Prozent dieser Familien trug auch die Ehefrau durch ihre Erwerbstätigkeit zum Haushaltseinkommen bei (s.o., Tab. 1). Mittlerweile (1985) ist die Jahresarbeitszeit der Arbeitnehmer auf 1.819 Stunden zurückgegangen, aber nun sind rd. 44 Prozent der Arbeitnehmerehefrauen ebenfalls erwerbstätig und heben hier die gesamte Erwerbsarbeitszeit *pro Fami-*

lie deutlich *über* das Niveau jener »typischen« Arbeitnehmerfamilien des Jahres 1950. Eine Abschätzung auf der Basis der Verteilung der normalerweise von verheirateten Frauen geleisteten Wochenarbeitsstunden (vgl. StBA 1985a: 162) und der Daten von Kohler/Reyher (1988: 232) ergibt, daß die Ehepartner in Haushalten des Typs IIIa/b (mit einem *Arbeitnehmer* als Bezugsperson) in 1985 gemeinsam *durchschnittlich* 3.150 Stunden in der Erwerbsarbeit zubrachten (dieser Durchschnittswert ist eher als Untergrenze anzusehen).

Nun umfaßt die normale Erwerbsarbeitszeit (zuzüglich eventueller Mehrarbeitsstunden) nicht die gesamte erwerbsgebundene Zeit. Hinzuzurechnen sind die Wegezeiten, die unbezahlten Arbeitspausen, die Zeiten für berufliche Fortbildungsaktivitäten und die persönlichen Rüstzeiten. Außer zu den Wegezeiten liegen keine vollständigen statistischen Angaben oder längerfristige Vergleichsdaten vor. Eine Abschätzung auf der Basis der Daten des Mikrozensus (vgl. StBA 1985b: 96) ergibt für abhängig Beschäftigte einen (seit 1961 etwa konstanten) durchschnittlichen Zeitaufwand für den *Hinweg* zur Arbeitsstätte von gut 20 Minuten. Deshalb kann für vollzeitbeschäftigte Arbeitnehmer folgende Rechnung für ihre durchschnittliche erwerbsgebundene Zeit pro Arbeitstag aufgemacht werden (Daten 1985):

tarifliche Arbeitszeit:	8,0 Std.
Mehrarbeitsstunden pro Tag:	0,3 Std.
Wegezeit (2 x 20 Min.):	0,7 Std.
unbezahlte Arbeitspausen (Schätzung)	0,8 Std.
Summe:	9,8 Std.

Dieser Wert von 9,8 Stunden erwerbsbedingter Abwesenheit von der Wohnung stimmt in etwa mit dem Ergebnis der Befragung von Thoben (1988: 395) überein. Allerdings streuen die Angaben für vollzeitbeschäftigte Arbeitnehmer (nach oben hin) recht stark um den von ihr ermittelten Durchschnittswert von 9,9 Stunden - bedingt durch unterschiedlich lange Wegezeiten und das Ausmaß geleisteter Mehrarbeit. So verrichteten 1985 von den vollzeitbeschäftigten Arbeitnehmern 55 Prozent »nie«, 27 Prozent nur »gelegentlich« und 17 Prozent »oft« bzw. »jeden Arbeitstag« Überstundenarbeit (vgl. Brinkmann et al. 1986: 72), und im gleichen Jahr benötigten immerhin 7 Prozent der Arbeitnehmer für den *Hinweg* zu ihrer Arbeitsstätte mehr als 60 Minuten (vgl. StBA 1985b: 96).

Addiert man zu den knapp 10 Stunden erwerbsarbeitsgebundener Zeit an Werktagen (in denen Zeiten für berufliche Fortbildung und die persönlichen Rüstzeiten nicht enthalten sind) weitere 9,3 Stunden für persönliche Bedürfnisse (Schlafen, Essen, Körperpflege - Angaben einer 1980er Infratest-Erhebung, zit. nach Gesellschaftliche Daten 1982: 157), dann bleiben den vollerwerbstätigen Arbeitnehmern an den Werktagen (montags bis freitags) durchschnittlich knapp

5 Stunden ungebundene Zeit.[13] Diese rd. fünf Stunden pro Werktag teilen sich nochmals in »echte« Freizeit und Haushaltsarbeitszeit. Die erwerbsfreie Zeit an den regelmäßig fünf Arbeitstagen pro Woche hat sich damit seit der Durchsetzung der 40-stündigen Wochenarbeitszeit nur noch durch die Verminderung der durchschnittlichen Mehrarbeitsstunden, die mit gut 0,7 Std. pro Tag 1970 den Gipfelpunkt erreichten, ausgeweitet.

Bedeutsamer waren in den letzten Jahrzehnten Verkürzungen in anderen Dimensionen der Arbeitszeitstruktur: Die schrittweise Einführung der 40-Stunden-Woche hatte bereits 1960 für die Hälfte der Arbeitnehmer den Gewinn eines »Blocks« erwerbsfreier Zeit in Form des *zweitägigen Wochenendes* gebracht - vielfach noch ergänzt um eine verkürzte Arbeitszeit am Freitagnachmittag. Wenngleich im Jahr 1981 etwa jeder fünfte Arbeitnehmer regelmäßig auch an Samstagen arbeiten mußte (vgl. Hinrichs 1988: 240), so galt eine 5-Tage-Woche für 90 Prozent der abhängig Beschäftigten (vgl. Sommer 1988: 523). Weiterhin hat sich seit 1960 der tarifliche *Jahresurlaub* als weitere Form geblockter »Freizeit« etwa verdoppelt (vgl. Statistisches Taschenbuch 1988: Tab. 4.8). 30 Werktage bzw. sechs Wochen Jahresurlaub gehören mittlerweile zum Besitzstand fast aller bundesdeutschen Arbeitnehmer. Zusammengenommen heißt das, daß Arbeitnehmer im Jahr 1950 noch an 293 Tagen im Jahr ihrer Erwerbstätigkeit nachgehen mußten, 1985 dagegen nur mehr an 219 Tagen (vgl. Kohler/Reyher 1988: 231). Die Umsetzung der ab 1984 vereinbarten Wochenarbeitszeitverkürzungen in verschiedenen Tarifbereichen in Form »freier Tage« - häufig als sog. »Brückentage« in Verbindung mit Feiertagen - brachte einem

13 Davon abzuziehen wären eigentlich noch die Zeiten, die für (legale oder illegale) *Nebenerwerbstätigkeiten* verwendet werden. Soweit dies den Interviewern im Rahmen einer vom BMAS in Auftrag gegebenen Studie überhaupt vollständig mitgeteilt wurde, verschafften sich im 2. Quartal 1987 etwa 540.000 Beschäftigte zusätzliche Einkünfte durch geringfügige Nebentätigkeiten in abhängiger Stellung und wendeten dafür durchschnittlich 11,8 Stunden pro Woche auf (vgl. »Sozialversicherungsfreie Beschäftigung: Erstmals gesicherte Fakten vorgelegt«, *Sozialpolitische Informationen*, Nr. 2 v. 10.02.1989). Eine Umfrage aus dem Jahr 1984/85 weist aus, daß ein Fünftel der Teilzeitbeschäftigten und 7,7 Prozent der Vollzeitbeschäftigten durch Nebenerwerbstätigkeiten jeglicher Art zusätzliche Einkünfte erzielten. Für die in Nebenerwerbsaktivitäten involvierten Erwerbstätigen lag die wöchentliche Nebenerwerbstätigkeitszeit zu 70 Prozent unter 5 Stunden (Durchschnitt: 5,7 Stunden - vgl. Helberger/Schwarze 1986: 277 und 284). Die Autoren sehen keine Anhaltspunkte dafür, daß sich die Beteiligungsquote in der Nebenerwerbstätigkeit und die darauf verwendete Zeit bei den hier Aktiven in den letzten Jahren wesentlich verändert hat (vgl. ebd.: 279f.). Eine Reihe von Nebenerwerbstätigkeiten dürfte von einem weitaus größeren Personenkreis und in anderen sozialen Kontexten nicht gegen Bezahlung, sondern als Eigenarbeit (aus »Gefälligkeit« oder »auf Gegenseitigkeit«) erbracht werden (vgl. Noelle-Neumann 1976: 217f.).

Teil der Arbeitnehmer darüber hinaus noch eine Quasi-Verlängerung ihres Urlaubsanspruchs, und vorher waren bereits für ältere und/oder besonders belastete Beschäftigte in verschiedenen Tarifbereichen zusätzliche »Freischichten« oder »Altersfreizeiten« festgelegt worden.

In der Verminderung der Zahl der Werktage pro Jahr liegt also *der* ins Gewicht fallende Zugewinn an erwerbsfreier Zeit. Für die (unterstellte) abnehmende Wohlfahrtsproduktivität der Ressource »Zeit« und die gleichzeitige Aufwertung der Ressource »Geld« sind die Verbreitung des zweitägigen »freien« Wochenendes und die Ausdehnung des Jahresurlaubs (bzw. weiterer urlaubsähnlicher Zeitblöcke) von besonderem Belang, haben sie doch das Aktivitätenspektrum, die Verbrauchsgewohnheiten usw. stärker verändert als es bei der Alternative täglicher Arbeitszeitverkürzungen wahrscheinlich der Fall gewesen wäre. So erwiesen sich die dazugewonnenen erwerbsfreien Tage in der Vergangenheit wegen der vielfältigen Möglichkeiten der Verwendung (gerade außer Haus) als extrem ausgabenintensiv und »elastisch« im Hinblick auf den Geldeinsatz pro Zeiteinheit. Zugleich aber stellen diese erwerbsfreien Blockzeiten eine Ressource für neue Arrangements des Bedarfsausgleichs dar.

Mindestens ebenso bedeutsam wie die eben behandelte Verkürzung der *Jahres*arbeitszeit ist die Verkürzung der *Lebens*arbeitszeit. Die am »unteren Ende« der Erwerbsbiographie stattfindende Verlängerung der vorberuflichen Ausbildung, die in einem durchschnittlich späteren Arbeitsmarkteintritt zum Ausdruck kommt, ist hier nur insofern von Belang, als die insgesamt reduzierte Zahl der Kinder pro Familie nun für eine längere Ausbildungszeit eine finanzielle »Belastung« für die Herkunftsfamilie darstellt.[14] Entscheidender ist hier die Verkürzung am »oberen Ende« der Erwerbsbiographie durch einen früheren Renteneintritt. Das Renteneintrittsalter der männlichen Sozialversicherten ist zwischen 1973 und 1986 von 62,2 Jahre auf 58,8 Jahre abgesunken (1988: 59,1 Jahre - vgl. VDR 1975: 45 und 125; 1989: 77). Die Inanspruchnahme der 1973 eingeführten flexiblen Altersgrenze, die - zu einem Gutteil aufgrund der verschlechterten Arbeitsmarktsituation - vermehrte Gewährung von Erwerbsunfähigkeitsrenten sowie das frühere Ausscheiden nach dem Vorruhestandsgesetz von 1984 haben die Erwerbsquoten in den höheren Altersklassen (ab 55 Jahre) deutlich nach unten gedrückt (vgl. auch Kühlewind 1986) und dementsprechend

---

14 1987 waren etwa 5,7 Mio. (= 43 Prozent) der in den Familien lebenden ledigen Kinder (unter 30 Jahren) 18 Jahre und älter, und von diesen volljährigen Kindern befanden sich 42,7 Prozent noch in schulischer, universitärer oder betrieblicher (Berufs-)Ausbildung, und weitere 7,9 Prozent waren weder in Ausbildung noch in Erwerbstätigkeit - also überwiegend arbeitslos - und damit auch teilweise vom Einkommen der Eltern abhängig (berechnet nach StBA 1987: 156).

den Anteil der Haushalte, denen ein Rentenbezieher vorsteht (HHtyp V), erhöht. Weil man davon ausgehen kann, daß nur ein geringer Anteil der immer jünger werdenden »Neurentner« vollständig arbeitsunfähig ist, liegt gerade hier ein wachsendes und überwiegend unausgeschöpftes Angebotspotential produktiver Leistungen, das nicht vom System der Erwerbswirtschaft absorbiert wird. Dieses könnte durch geeignete Arrangements umso eher »angezapft« werden, wenn und weil ein vorzeitiger (nicht immer vollständig freiwilliger) Erwerbsaustritt vor Erreichen der »normalen« Altersgrenzen mit einer größeren Differenz zum vorangegangenen Erwerbseinkommen verbunden ist.

Während der Austritt aus der aktiven Erwerbsphase für die Rentnerhaushalte dauerhaft ist, stellen die Nicht-Erwerbstätigen-Haushalte, denen ein Arbeitsloser vorsteht (HHtyp IV), prinzipiell eine nach Zusammensetzung wechselnde, in der Summe eine bis Mitte der achtziger Jahre wachsende Kategorie dar. Die (vorübergehende) Verfügbarkeit über erwerbswirtschaftlich nicht-absorbierte Zeitanteile und der Bedarf an nicht durch Geldverausgabung zu deckenden Leistungen zur Sicherung des Wohlfahrtsniveaus des Haushalts ist bei diesem Haushaltstyp (IV) ähnlich zu beurteilen wie bei den Rentnerhaushalten; die spezifischen Voraussetzungen für die Teilnahme an neuartigen Bedarfsausgleichssystemen dürften aber wiederum andere sein (s. dazu weiter unten).

Bislang wurde noch nicht die Frage berührt, wie sich die Aufteilung der nach Abzug der erwerbsgebundenen Zeit und der physisch notwendigen Reproduktionszeit (Essen, Schlafen, Körperpflege) von der Gesamtzeit verbleibenden »Restzeit« entwickelt hat. Gängigen Annahmen zufolge sollte sich die Aufteilung dieser »Restzeit« in unentgoltene Haushaltsarbeitszeit und »Freizeit« als verhaltensbeliebiger Zeit, in der Aktivitäten dominant wegen ihres *Prozeßnutzens* betrieben werden, zugunsten der letzteren verschoben haben. Die durchnittliche Verkleinerung der Haushalte/Familien, die Mechanisierung der Haushaltsarbeit und die Auslagerung/Kommodifizierung familialer Produktions- und Dienstleistungsfunktionen werden gemeinhin als hierfür maßgebliche Einflußgrößen angesehen. Durch eine Verminderung der Haushaltsarbeitszeit (sowie der Ausdehnung der erwerbsfreien Blockzeiten) *könnte* ein Zeitpotential für produktive, aber gleichwohl nicht monetär entgoltene Tätigkeiten in neuartigen Arrgangements zur Wohlfahrtssteigerung der Haushalte entstanden sein, *wenn* nicht der Wohlfahrtswert der dazugewonnenen »Freizeit« von ihnen höher eingeschätzt wird als der Wert der möglichen Produktion von wohlfahrtsrelevanten Leistungen in solchen Bedarfsausgleichssystemen. Aber auch wenn die Haushaltsarbeitszeit sich nicht vermindert hätte, wäre es grundsätzlich denkbar und unter Umständen attraktiv, unbezahlte Arbeitszeiten aus der Sphäre des Privathaushalts in »maßstabsvergrößerte« Produktionsarrangements mit höherer (Wohlfahrts-)Produktivität umzuschichten.

Die Entwicklung und Aufteilung der nicht-erwerbsgebundenen Zeit – Ergebnisse von Zeitbudget-Studien

Die Erwerbsarbeit nimmt durchschnittlich nur noch gut zehn Prozent der menschlichen Lebenszeit in Anspruch. Trotz ihrer reduzierten quantitativen Bedeutung bestimmt sie nach wie vor stark die Allokation der Gesamtzeit – auch der noch nicht bzw. nicht mehr Erwerbstätigen – im Tages-, Wochen- und Jahresverlauf dadurch, daß von der Erwerbsarbeit eine *kollektive Rhythmik* vorgegeben wird. Bedauerlicherweise sind die Kenntnisse über Umfang und Veränderung der Aktivitäten außerhalb der Erwerbssphäre noch wesentlich begrenzter und weniger zuverlässig als über die Entwicklungen im Bereich der Erwerbsarbeit. Ob die Arbeitzeit im Haushalt in den letzten Jahrzehnten absolut und relativ zurückgegangen ist und die »Freizeit« angewachsen ist, läßt sich aus dem verfügbaren Datenmaterial für die Bundesrepublik nicht mit der gewünschten Eindeutigkeit ablesen. Wohl liegt eine Reihe von – z.T. auch mehrfach replizierten – Erhebungen zu dem subjektiv geschätzten Umfang der »freien« Zeit, der (Routine-)Hausarbeit, den Heimwerkeraktivitäten usw. vor, aber solche Angaben ergeben kein konsistentes Bild.[15]

Zeitbudget-Studien können – abgesehen von grundsätzlichen Erhebungsproblemen – validere Daten für verschiedene Zeitverwendungen liefern als solche Schätzungen, weil hier von den Befragten für einen bestimmten Zeitraum über die Verwendung von Zeitquanten für chronologisch und chronometrisch frei gewählte bzw. vorgegebene Aktivitäten Buch geführt wird.[16] Weil es bisher an einer angemessenen Theorie über die Bestimmungsgründe der Zeitverwendung fehlt, sind die Ergebnisse von Zeitbudget-Untersuchungen fast ausschließlich deskriptiv (vgl. Gershuny/Jones 1987: 11f.; Haugg/Schweitzer 1987: 233f.). Theoretische Konzepte wurden nur vereinzelt auf die Analyse der empirischen Informationen angewandt (so z.B. über die Beteiligung der Ehemänner an der

15 Würde man beispielsweise die 5,23 Freizeitstunden, die abhängig Beschäftigte durchschnittlich nach einer EMNID-Befragung (1985: A45 – eigene Umrechung) an einem normalen Werktag haben wollen, und die 2,3 Stunden Hausarbeit, die männliche Arbeitnehmer nach der Erhebung von Thoben (1988: 397) werktäglich zu leisten vorgeben, addieren, dann käme man auf ca. 7,5 Stunden – ein Wert, der überhaupt nicht mit den oben berechneten knapp fünf Stunden in Übereinstimmung zu bringen ist, die vollzeitbeschäftigten Arbeitnehmern nach Abzug der Zeiten für Erwerbsarbeit und persönliche Bedürfnisse verbleiben.

16 Vgl. dazu u.a. Gershuny et al. 1986: 14ff.; Andorka 1987; Haugg/Schweitzer 1987: 233ff.; Ehling/Schäfer 1988; Hinrichs 1988: 320 (Anm. 15).

Hausarbeit oder über die unabhängigen Variablen der sozialstrukturell unterschiedlichen Formen der Freizeitaktivitäten). Hinsichtlich der Feststellung des Umfangs der »Freizeit« bleibt das Problem, daß sich diese danach bestimmt, welche Aktivitäten vom Beobachter als dieser Kategorie zugehörig *definiert* werden und nicht, wie diese (und andere Aktivitäten, wie z.B. Garten*arbeit*) von den Befragten wahrgenommen werden, was durchaus unterschiedlich sein kann - sowohl intersubjektiv wie zu verschiedenen Zeitpunkten - und somit der jeweilige (und bei *jeder* Aktivität präsente positive oder negative) Prozeßnutzen auch die Zeitallokation mitbestimmt. Die festgestellte Zeitaufteilung gibt aber keinen Hinweis, ob die beobachteten Zeitverwendungen den Präferenzen tatsächlich entsprechen und nicht angesichts einer veränderten Gelegenheitsstruktur eine andere Zeitaufteilung vorgenommen würde.

Bislang wurden Zeitbudget-Untersuchungen in der Bundesrepublik entweder nur mit ausgewählten, nicht-repräsentativen Untersuchungspopulationen durchgeführt, oder es wurden nur Zeit-Teilbudgets (z.B. der Arbeitsaufwand) erhoben, oder umfangreichere Erhebungen wurden nicht repliziert, so daß eindeutige Längsschnittvergleiche bislang nicht möglich sind. Aufwendigere Untersuchungen, die einigen Aufschluß über die Veränderung von Zeitverwendungsmustern der Bevölkerung geben, wurden in Großbritannien (vgl. Gershuny et al. 1986; Gershuny/Jones 1987) und in den Niederlanden durchgeführt (vgl. Knulst 1977; Knulst/Schoonderwoerd 1983). Da angenommen werden kann, daß in diesen beiden Ländern vergleichbare Entwicklungen wie in der Bundesrepublik stattfanden, wird in der folgenden Zusammenstellung einiger Untersuchungsergebnisse zu den Gegebenheiten und Veränderungen im Hausarbeits-/Freizeitbereich auch auf die britischen und niederländischen Ergebnisse Bezug genommen.[17]

Bei dieser Zusammenstellung wird der Aufteilung der Haushaltsarbeit/Freizeit auf die Partner in Familienhaushalten besondere Aufmerksamkeit geschenkt, denn eine Beteiligung in neuartigen Bedarfsausgleichssystemen bzw. Politiken, die sich auf eine Ausweitung der Haushaltsproduktion - generell oder in speziellen Teilbereichen - richten, können nicht von vorhandenen (ungleichen) zeitlichen Belastungen und möglichen Wohlfahrtsgewinnen/-verlusten einzelner

---

17 Die nachfolgenden Ausführungen stützen sich darüber hinaus auf folgende Studien: Schweitzer/Pross 1976: 384ff.; EMNID 1983 und 1985; Keller 1984; Kössler 1984; Lakemann 1984; Berger-Schmitt 1986a; Krüsselberg et al. 1986; Büchtemann/Schupp 1986: 36ff. (in diesen Studien finden sich auch konkrete Angaben über den Stundenumfang von Freizeit bzw. Haushaltsarbeit, die allerdings deutlich divergieren und deshalb hier nicht wiedergegeben werden) - Weiterhin wurden herangezogen: Meissner et al. 1975; Robinson 1980; Säntti et al. 1982; Österreichisches Statistisches Zentralamt 1984; Pleck 1985; Grønmo/Lingsom 1986.

Haushaltsmitglieder absehen. Einigermaßen »unstrittige« Ergebnisse dieser nur bedingt miteinander vergleichbaren Studien sind *u.a.*:

- Für Erwerbstätige besteht eine deutliche Differenz in der Zeitgestaltung zwischen Wochenenden (Samstag/Sonntag) und Werktagen (Montag - Freitag). Samstag ist »Hausarbeitstag« für erwerbstätige Frauen und (Ehe-)Männer. Erwerbstätige haben an Werktagen die geringste Freizeit; am Wochenende (insbesondere am Sonntag) ist der Freizeitumfang für alle Personengruppen am größten und *annähernd* gleichverteilt.
- Mit der Haushaltsgröße steigt die Hausarbeitszeit unterproportional. In (Ehe-)Paarhaushalten macht das Vorhandensein von Kindern und deren Alter einen deutlichen Unterschied, der sich auswirkt auf die Erwerbsbeteiligung der Mütter (d.h. ob sie erwerbstätig sind und ggf. wieviel Stunden pro Woche). Jedoch steigt der Anteil der Haushalte, in denen *keine* minderjährigen Kinder bzw. nicht mehr als *zwei* Kinder leben, weiter an.
- Frauen leisten als Verheiratete mehr Haushaltsarbeit, als wenn sie allein leben (d.h. durch die Heirat erfahren bis dahin alleinlebende Männer eine Entlastung), und sie verlieren an Freizeit, wenn sie eine Erwerbstätigkeit aufnehmen, und nochmals, wenn im Haushalt lebende Kinder zu betreuen sind. Deshalb ist die zeitliche Belastung mit (bezahlter plus unbezahlter) Arbeit bei vollzeitbeschäftigten Müttern am größten.
- Die Tatsache der Erwerbstätigkeit und die Länge der außerhäuslichen Arbeitszeit der Ehefrau bestimmt den zeitlichen Umfang der unbezahlten Arbeit pro (Ehe-)Paarhaushalt. Verheiratete erwerbstätige Frauen verwenden unter sonst gleichen Bedingungen - z.B. Alter und Zahl der Kinder - *deutlich* weniger Stunden für die Haushaltsarbeit als Nur-Hausfrauen.[18] Ob eine Ehefrau erwerbstätig ist und dann mit wieviel Stunden pro Woche, hat auf den absoluten Umfang der Hausarbeitsbeteiligung des (erwerbstätigen) Ehemanns nur wenig Einfluß (es sei denn, die Ehefrau ist *vollzeitbeschäftigt*).

---

18 Dies mag an unterschiedlichen Standards von Reinlichkeit und Ordnung liegen, an der (notwendig) höheren Arbeitseffizienz von erwerbstätigen Frauen, am Bemühen der Hausfrauen, ihre »Nützlichkeit« für die Familie zu demonstrieren, an der Identifikation mit der Hausfrauenrolle oder schlichtweg an (zeitweise) mangelnden attraktiveren Zeitverwendungen (»dawdling or ›killing time‹« - Reid 1934: 116; vgl. ebd.: 92 und 124f.). Gleichwie, da keine Marktpreise als Regulativ der Effizienz und des Bedarfs für die Haushaltsarbeit existieren sowie Intensitäts- und Produktivitätsdifferenzen oder unterschiedliche Qualitätsstandards in Zeitbudget-Studien nicht gemessen werden, sind darauf aufbauende Rechnungen über den »Wert« der Haushaltsarbeit (in Relation zum Sozialprodukt) einigermaßen problematisch.

Da jedoch erwerbstätige Ehefrauen weniger Hausarbeit verrichten, je länger ihre Erwerbsarbeitszeit ist, steigt relativ der Beitrag des Ehemannes.[19]

- Zwischen Männern und Frauen besteht (nach wie vor) eine »doppelte« geschlechtsspezifische Arbeitsteilung, nämlich derart, daß Frauen in der Partnerschaft regelmäßig den (deutlich) größeren Haushaltsarbeitsanteil tragen *und* von den gesamten Hausarbeiten überwiegend die »alltäglichen« (Routine-)Aufgaben (Kochen, Spülen, Wäschepflege usw.) übernehmen, während die Ehemänner dominant die nicht täglich wiederkehrenden und die »technischen« Arbeiten (Reparaturen, Wohnungsrenovierung, Gartenarbeit) verrichten sowie die finanziellen Angelegenheiten regeln. Mit zunehmender Ehedauer verfestigt sich diese Aufgabenverteilung entlang der traditionellen Geschlechterrollen eher noch - insbesondere, wenn die Ehefrau ihre Berufstätigkeit aufgibt bzw. unterbricht (vgl. Thiessen/Rohlinger 1988), und anscheinend geht der (zeitliche) Anteil des (Ehe-)Partners an der Hausarbeit mit der Dauer des Zusammenlebens zurück (vgl. Erler et al. 1988: 44).
- Für verheiratete erwerbstätige Frauen (mit Kindern) ist das »natürliche« Resultat einer werktäglich verkürzten Arbeitszeit (durch abgesenkte Normalarbeitszeiten oder Übergang auf eine Teilzeitbeschäftigung) mehr Haushaltsarbeit, jedoch nicht (wesentlich) mehr Freizeit.[20]
- Männliche Arbeitslose nutzen die sonst durch Erwerbsarbeit gebundene Zeit für vermehrte Haushaltsarbeit (auch in typisch »weiblichen« Aufgabenbereichen), den größeren Teil jedoch für passive Freizeitgestaltung (Massenmedien) und außerhäusliche Freizeitaktivitäten (soziale Kontakte).
- Mit steigendem Haushaltseinkommen geht der Anteil der unbezahlten Arbeitszeit an der Gesamtarbeitszeit zurück, d.h. es werden häufiger bezahlte Hilfen in Anspruch genommen und vermehrt Marktangebote an Gütern und Dienstleistungen genutzt.
- Der *Umfang* der »Freizeit« und die *Verwendungen* differenzieren sich nach biographischer Phase, Haushaltssituation, Regelung der Erwerbsarbeitszeit, Geschlecht, Region (Stadt/Land), Bildung, Beruf, Einkommen usw. (vgl.

---

19 Ein höherer Beitrag des Ehemanns an der Haushaltsarbeit ist für die erwerbstätige Ehefrau mit Wohlfahrtserträgen verbunden (vgl. Berger-Schmitt 1986b: 165; s. auch Pleck 1985: 112ff.), d.h. nicht allein der (materielle) »Ertrag« der (gemeinsamen) Haushaltsproduktion ist wohlfahrtsrelevant, sondern bereits die Aufteilung des Arbeits-Inputs.

20 »Erwerbstätige Mütter (werden) auch vor und teilweise sogar ›zwischen‹ ihrer Berufstätigkeit mit der Erledigung von Hausarbeiten belastet« (Krüsselberg et al. 1986: 226). Von daher ist es verständlich, daß sie eher ein verlängertes Wochenende oder mehr Urlaub bevorzugen - also Zeitstrecken, die durch ihren spezifischen Aufforderungscharakter eher zu aktiver (gemeinsamer) Freizeitgestaltung prädestinieren (vgl. Hinrichs 1988: 257f.).

dazu insbes. Lakemann 1984: 93ff.; IfF 1987, Bd. 2 + 3), so daß jeder Versuch einer »Typisierung« oder »Durchschnittsbildung« an der vielfältigen Realität vorbeiginge. Eindeutig ist jedoch, daß in Richtung auf eine größere »Erlebnisorientierung« die aktive Freizeitgestaltung (außer Haus) und die Vielfalt der Freizeitaktivitäten zugenommen haben.

- Bis etwa Mitte der siebziger Jahre ist die für die Haushaltsarbeit verwendete Zeit von Frauen (leicht) zurückgegangen,[21] und die effektive Freizeit hat sich für sie und für die Männer vergrößert, aber für die Männer nicht in dem Maße, wie die erwerbsfreie Zeit durch Arbeitszeitverkürzungen zunahm, weil sie einen Teil dieser Zeit für die Haushaltsproduktion (insbesondere für mehr »Routine«-Hausarbeiten) einsetzten. Danach bleibt der Umfang der Haushaltsarbeit bei Frauen *ungefähr* konstant, während er für (verheiratete) Männer sogar stärker ansteigt als die Verkürzung der erwerbsgebundenen Zeit und sie deshalb an »Freizeit« verlieren.[22]
- In jüngeren Familien (mit kleineren Kindern und/oder in Großstädten) und in Paarbeziehungen mit höherem Bildungsniveau (vor allem der Ehefrau) ist der Beitrag des Mannes zur Hausarbeit deutlich höher als im Durchschnitt. Wohl weniger einer allmählichen Auflösung des traditionellen Rollenverständnisses als vielmehr dem Wegfall des Erwerbsarbeitszeitblocks geschuldet ist die gleichfalls größere Beteiligung des Ehemanns an der Haushaltsarbeit bei älteren Ehepaaren.
- Die Gesamtarbeitszeit (bezahlte zuzüglich unbezahlte) von verheirateten Männern und Frauen im erwerbsfähigen Alter hat sich im Zeitablauf angenähert. Über mehr Freizeit als ihre Ehemänner und ihre verheirateten erwerbstätigen Geschlechtsgenossinnen verfügen die Nur-Hausfrauen.
- Die Zeitanteile für verschiedene Haushaltsarbeiten haben sich verschoben, d.h. die auf Einkauf, Transport und Kinderbetreuung verwendete Zeit hat relativ zugenommen.

---

21 Hinter dieser generellen Entwicklung verbergen sich jedoch deutliche schichtspezifische Unterschiede, wie Gershuny (1983: 145ff.) im Vergleich von Arbeiter- und Mittelschicht-Haushalten zeigt: Wenn der Haushaltstechnisierung überhaupt ein Einfluß auf den zeitlichen Umfang der Hausarbeit zugeschrieben werden kann, dann haben davon die Arbeiterehefrauen am meisten profitiert. Mittelschichtfrauen, die noch bis in die fünfziger Jahre hinein für Routinearbeiten auf bezahltes Dienstpersonal zurückgreifen konnten, wurden zunehmend zum längeren Arbeitseinsatz unter Zuhilfenahme der neuen Hausgeräte gezwungen.

22 Die Vermehrung von Urlaubstagen, die (ganz bewußt) deutlich anders als »alltäglich« verbracht werden (z.B. wohnortfern), wird in Zeitbudget-Studien nur ganz unzulänglich berücksichtigt.

- Die technische Ausstattung der Haushalte (für Routine-Hausarbeiten, z.B. Waschmaschine, Kühlschrank oder Staubsauger) hat keinen signifikanten Einfluß auf den zeitlichen Umfang der Haushaltsarbeit. Das Ausstattungsniveau ist auch unabhängig davon, ob die Ehefrau erwerbstätig ist oder nicht. Eine eindeutige Beziehung läßt sich nur zum Einkommen herstellen, d.h. je höher das Haushaltseinkommen, desto umfänglicher die Ausstattung (vgl. Nickols/Fox 1983: 203; Zapf 1986: 217ff.).[23]
- Betrachtet man die frei verfügbaren, d.h. *nicht* durch bezahlte und unbezahlte Arbeit gebundenen Zeitressourcen nach Haushaltstypen (vgl. dazu insbes. Kössler 1984; Knulst/Schoonderwoerd 1983: 66ff.; Gershuny et al. 1986: 15 und 27), dann zeigt sich, daß alleinlebende Erwerbstätige (HHtyp I) und »doppelverdienende« (Ehe-)Paarhaushalte mit zu versorgenden Kindern (HHtyp IIIb) über die geringsten, die Nicht-Erwerbstätigen-Haushalte (HHtyp V) dagegen mit Abstand über die umfänglichsten »freien« Zeitressourcen verfügen können. Dazwischen liegen kinderlose (Ehe-)Paarhaushalte mit nicht-erwerbstätiger Ehefrau (HHtyp IIa) und ebenso Haushalte des Typs IIb sowie IIIa, die demgegenüber eine um einiges höhere Gesamtarbeitszeit aufweisen. Etwas vergröbernd könnte man von einer Polarisierung der Verfügbarkeit über »freie« Zeitressourcen sprechen: Sowohl Haushalte mit geringen Zeitressourcen für alternative Verwendungen gewinnen an relativem Gewicht (HHtypen I und IIIb) als auch Haushalte mit sehr umfänglichen ungebundenen Zeitanteilen (HHtyp V und - mit Einschränkungen - IV).
- Sieht man von der Ausweitung des Jahresurlaubs und der Vermehrung (zusammenhängender) erwerbsfreier Tage ab, dann ist offensichtlich für jeden Haushaltstyp die auf den Haushalt bezogene »echte« Freizeit in den letzten Jahren nur schwach gestiegen und der zeitliche Umfang der Haushaltsarbeit etwa konstant geblieben. Eine Veränderung der *aggregierten* Freizeitstunden bzw. der geleisteten Stunden unbezahlter Arbeit wäre dann wesentlich die Folge einer veränderten Zusammensetzung von Haushaltstypen.

Bemerkenswert, aber letztlich nicht verwunderlich ist, daß der Umfang der Haushaltsarbeit in den letzten Jahrzehnten *nicht* bzw. nicht wesentlich zurückge-

---

23 Ein Zusammenhang zum Zeitaufwand für Haushaltsarbeit mag - wie bereits Reid (1934: 92 und 93ff.) vermutete - in der Weise gegeben sein, daß ein höheres Haushaltseinkommen nicht nur die Anschaffung einer umfänglicheren und technisch fortgeschrittenen Geräteausstattung erlaubt, sondern darüber hinaus auch die Möglichkeit bietet, bezahlte Hilfen in Anspruch zu nehmen und mehr zu »kaufen« statt selber zu »machen«.

gangen ist. Die Erwartung einer Reduzierung der Haushaltsarbeit aufgrund der verbesserten technischen Ausstattung der Haushalte bzw. der (Teil-)Mechanisierung der Haushaltsarbeit ist hinlänglich als Mythos entlarvt worden (vgl. u.a. Bose et al. 1984 m.w.N.). Denn bei vielen Produktionsvorgängen hat der Einsatz der sog. »time savers« wohl den Faktor-Input verschoben und somit eine Produktivitätssteigerung bewirkt, aber die eigentlich mögliche Zeitersparnis kam vielfach (zunächst) gar nicht zur Geltung, sondern es ergab sich wegen der Veränderung des Arbeitsprozesses lediglich der Effekt einer Arbeitserleichterung und »Komfortsteigerung« – stiegen doch mit der Verfügbarkeit dieser Apparate zugleich Reinlichkeits- und Qualitätsstandards (z.B. Häufigkeit des Wäschewechsels) und damit der »Output« (vgl. Reid 1934: 64ff. und 90). Überdies ist unter dem Gesichtspunkt der Produktivitätssteigerung bislang »keine rationale Entwicklung bei der Haushaltstechnisierung« zu beobachten; viele Kaufentscheidungen werden unter dem Gesichtspunkt des sozialen Prestigewertes der Geräte getroffen und erweisen sich letztlich als »Fehlinvestitionen« (Schweitzer/Pross 1976: 262f.).

Weiterhin hat sich nicht nicht nur die Menge der zu beschaffenden, zu transportierenden, zu bedienenden, zu pflegenden usw. Güter vermehrt,[24] auch das Spektrum des Güter- und Dienstleistungsbündels, das dem Haushalt letztlich Befriedigung verschaffen soll, ist wesentlich breiter geworden: Es müssen heute auch Urlaubsreisen, Yoga-Kurse, psychologische Beratungen für verhaltensgestörte Kinder beschafft[25] und administrativ bewältigt werden (z.B. Rechnungen, Reklamationen, Kreditanträge, Kontoauszüge). Gerade das »Konsummangement« nimmt immer mehr Zeit in Anspruch und vervielfältigt die Funktionen der Haushaltsarbeit. Deshalb scheinen die Steigerungen und Vervielfältigungen des »outputs« der Haushaltsproduktion und die Produktivitätssteigerungen auf der »input«-Seite sich mindestens aufgewogen zu haben. Daran haben auch die durchschnittliche Verkleinerung der Haushalte und die geringere Anzahl an Kindern pro (Mehrpersonen-)Haushalt nichts geändert. Denn Verringerung der Haushaltsgröße bedeutet eine nur unterproportionale Arbeitsersparnis. Zudem

---

24 Der Gesamtwert der langlebigen, hochwertigen Gebrauchsgüter der Haushalte zu Wiederbeschaffungspreisen hat sich allein zwischen 1970 und 1984 in etwa *vervierfacht* (vgl. Schäfer 1985: 115).

25 Aufgrund der durch die Veränderung der Lebensweise gestiegenen Ansprüche an die Gesundheit, Ernährung, Wohnungsausstattung, Kindererziehung etc. kann auf überlieferte Wissensbestände immer weniger zurückgegriffen werden. Dementsprechend wird die Aneignung von Kompetenzen durch das Studium von »Ratgeber«-Literatur, den Besuch von Volkshochschulkursen, die Inanspruchnahme von Verbraucherberatungsleistungen usw. umso wichtiger.

stieg in den letzten Jahrzehnten die Wohnfläche pro Haushaltsmitglied (u.a. wegen eines wachsenden Anteils von Eigenheimbesitzern), und weniger Kinder im Haushalt heißt angesichts des Bemühens, diesen Kindern stets eine optimale Förderung zuteil werden zu lassen, insgesamt nicht weniger Haushaltsarbeit – im Gegenteil (man denke nur an die Zeit für den Transport zu und von Kindergärten, Malkursen, Reitstunden usw.). Der Zeitaufwand für die Kindererziehung ist sogar angestiegen (vgl. Gershuny/Jones 1987: 26 und 30; Rerrich 1983).

Schließlich hat die Veränderung der Produktionsfunktion für finale Dienstleistungen durch Übernahme von Selbstbedienungs- und Do-it-yourself-Aktivitäten, die den Haushalten aufgrund der »Kostenkrankheit des Dienstleistungssektors« (vgl. Baumol 1967; vorher bereits scharfsinnig: Scitovsky 1959/1964) den Zugang zu bestimmten Dienstleistungen sichert bzw. die Ergiebigkeit eines gegebenen Einkommens steigert, den Umfang der Haushaltsarbeit tendenziell ausgeweitet. Jedoch geschieht die Substitution marktlicher Dienstleistungen durch das Zusammenwirken von eigenen Produktionsmitteln und eigener unbezahlter Arbeitszeit nicht ausschließlich um des Kostenvorteils willen, sondern vielfach ist die Eigenproduktion den Haushalten aufgenötigt (vgl. auch Kapitel 1.), weil private und öffentliche Anbieter mit dem Ziel einer Kostenentlastung ihre Leistungen »ausdünnen« (z.B. Taktfrequenzen im Personennahverkehr, Einschränkungen von Öffnungszeiten), diese prohibitiv »teuer« anbieten (z.B. Anliefern/Aufstellen von Möbeln) oder ganz einstellen, wobei diese Leistungseinschränkungen nicht selten Reaktionen auf individuell rationales Verhalten der Haushalte (z.B. Übergang zur »Selbstbedienung« wegen des Preisvorteils) darstellen und auch mit selektiven Verteilungseffekten zu Lasten von Haushalten mit unterdurchschnittlichen Ressourcen verbunden sein können.

Güter und Dienstleistungen, die heutzutage Erwartungen an einen angemessenen (oder auch: differenzierenden) Lebensstil befriedigen und individuelle Freiheitsgrade erweitern, lassen sich durch den Einsatz von Zeit als »Geldsurrogat« immer weniger beschaffen. Gleichwohl bleibt (Haushaltsarbeits-)Zeit »unersetzlich«, wenn man Zugang zu den letztlich wohlfahrtsrelevanten Gebrauchswerten (»basic commodities«) erhalten will. Denn die immanente Logik des Kommerzialisierungsprozesses hat zu einem höheren Niveau der Marktintegration der Haushalte bzw. ihrer Vernetzung mit Leistungen anderer gesellschaftlicher Einrichtungen und somit zu einer Vervielfältigung der Außenbeziehungen der Haushalte geführt (vgl. auch Thiele-Wittig 1987). Durch die Unterstellung simpler Entwicklungsalternativen wie »Entleerung« vs. »Anreicherung«, »Ein-« vs. Auswanderung« oder »Selbstversorgungs-« vs. »Vergabehaushalt« wird dieser Prozeß nur unzulänglich abgebildet. Unterhaltung, Transport, Entspannung in fremder Umgebung, Sicherheitsvorsorge etc. müssen am Markt gegen Geld gekauft werden und erfordern sowohl Zeit zum Einkommenserwerb (s. auch Kapitel 5.) wie auch Zeit außerhalb der Erwerbsarbeit zur (Informations-)Beschaffung, Bedienung, Verwaltung etc. Linder (1971) hat diese Entwicklung als »Wohlstandsparadoxie« beschrieben: Die generelle Einkommenssteigerung vermindert die Güterknappheit und ersetzt sie durch Zeitknappheit. Die »Zeitknappheit« wird durch die wachsende Einbindung der Haushalte in marktliche und öffentliche Organisationen noch gesteigert, denn die »on«-Zeiten der Organisationen (z.B. Öffnungszeiten von Kindergärten und Geschäften, Sprechzeiten von Behörden) folgen einer kollektiven Rhythmik im Tages-, Wochen- und teilweise auch im Jahresverlauf, die mit der Arbeitszeit der Mehrheit der Erwerbstätigen weitgehend synchron geht und deshalb insbesondere für sie zu »Reibungsverlusten«, Rationierungen (Zugangsbarrieren) und Konflikten führt (vgl. Knulst/Schoonderwoerd 1983: 130ff. und 151ff.; Skarpelis-Sperk 1978: 183ff.), sei es, daß temporär zu viele extern gesetzte Ansprüche auf die gleiche Zeitstrecke bestehen, Wartezeiten/Stauungen oder »unbrauchbare« Restzeiten entstehen.[26]

Wenn also wegen der *Wohlstandssteigerung* einerseits und der *Komplexitätssteigerung der Daseinsbewältigung* andererseits keiner der oben definierten Haushaltstypen den Gesamtumfang an unbezahlter Arbeit verringern konnte und die Erledigung dieser notwendigen Arbeit vielfach mit Hektik und Zeitdruck verbunden ist, dann ist es nicht verwunderlich, daß das Gefühl, »(viel) zu wenig Zeit« zu haben (vgl. Keller 1984: 198f.; EMNID 1983: 89) oder daß »einem die Arbeit über den Kopf wächst« (vgl. IfD 1985: 25ff.), in der erwachsenen Bevölkerung weit verbreitet ist; es erstaunt auch nicht, daß der Anteil der Bevölkerung, der meint, man habe (jetzt) »*mehr* Freizeit« (als früher), zwischen 1972/73 und 1982 deutlich abgenommen hat (von 47 auf 32 Prozent - vgl. EMNID 1983: 103).[27]

26 Wo die Verfügbarkeit über »Freizeit« stärker restringiert ist als das Geldbudget, können auch »zu viele« *Optionen* (temporär) Zeitknappheitswahrnehmungen verursachen.

27 Es ist jedoch fraglich, ob Müller-Wichmanns (1987) These von der »Zeitnot« insbesondere der erwerbstätigen verheirateten Frauen generell zutrifft. Denn dies setzt eine unangemessene »Dehnung« des Arbeitsbegriffs voraus, wenn nahezu alle »Lebensregungen« als »Arbeit« definiert werden (als »Beziehungsarbeit«, »Sorgearbeit«, »Trauerarbeit« usw.).

Fazit

Als Ergebnis dieses Abschnitts läßt sich demnach festhalten: Der Umfang der auch als solche wahrgenommenen »frei« verfügbaren Zeit ist nicht deutlich angewachsen, obwohl sich die Erwerbsarbeitszeit im Jahreszyklus und insbesondere in der Dimension der Lebensarbeitszeit in den Nachkriegsjahrzehnten kräftig vermindert hat. Es sind gewachsen und wachsen weiterhin sowohl Haushaltstypen mit einem hohen Anteil ungebundener Zeit (vor allem Rentnerhaushalte) als auch solche, die offensichtlich über wenig zeitliche Ressourcen für zusätzliche wohlfahrtsproduktive Leistungen außerhalb von Marktzusammenhängen verfügen ([Ehe-]Paarhaushalte mit zwei Erwerbstätigen). Das Anwachsen dieses letztgenannten Haushaltstyps (IIIa/b) zu Lasten des klassischen »male breadwinner«-Haushalts (HHtyp IIa/b) zeigt zugleich, daß hier Potentiale zur Reduzierung der Haushaltsarbeit vorhanden sind, ist doch die unbezahlte Arbeitszeit von erwerbstätigen Frauen eindeutig geringer. Angesichts der angetroffenen Gelegenheitsstruktur ist aber eine Umwidmung in Erwerbsarbeitszeit (und regelmäßig ergänzend auch der Verzicht auf Freizeitbestandteile) offensichtlich attraktiver als die (geschlechtsspezifische) Umschichtung der Zeit zugunsten unbezahlter Tätigkeiten. Wenn derzeit aufgrund der Arbeitsmarktsituation verheiratete Frauen in einer beträchtlichen Größenordnung ihren Erwerbswunsch nicht realisieren können und als Arbeitslose gemeldet sind oder sich in der »Stillen Reserve« befinden, unterstreicht dies nur die unter den vorherrschenden institutionellen Bedingungen bestehende Attraktivität der bezahlten Arbeit, die somit die Figuration von Haushaltstypen mitbestimmt (darauf wird im folgenden – insbesondere in Kapitel 4. – noch weiter einzugehen sein).

Eine Betrachtung der gegenwärtigen (bzw. künftig erwarteten) Zusammensetzung der Haushaltstypen zeigt wohl die Polarität von »Zeitarmut« und »Zeitreichtum«, läßt aber nicht sichtbar werden, daß im biographischen Längsschnitt alle Personen verschiedene Haushaltstypen »durchwandern«. So mag beispielsweise ein junger männlicher Erwerbstätiger zunächst aus dem elterlichen Haushalt ausziehen und allein wohnen (HHtyp I), dann heiraten und einen Haushalt des Typs IIIa bilden, nach der Geburt von Kindern allein für den Familienunterhalt sorgen (HHtyp IIb), anschließend wieder zur Kategorie IIIa überwechseln, um endlich als Rentner im Haushaltstyp V seinen sog. »Lebensabend« zu verbringen. Biographische Ereignisse – an erster Stelle: die Zunahme von Ehescheidungen, aber auch der verzögerte Beginn bzw. ein unsteterer Verlauf der Erwerbskarriere – oder bewußte Lebensplanungsentscheidungen (z.B. für eine nicht-eheliche Lebensgemeinschaft oder gegen eigene Kinder), die zunehmend ihren »atypischen« Charakter verlieren, bedeuten jedoch veränderte Sukzessionen in der Dynamik der Haushaltskonstellationen und »denormalisieren« somit die eben skizzierte Wanderungsabfolge. Mit jeder wie auch immer aufeinanderfolgenden Haushaltskonstellation sind variierende Bedarfe für Haushaltsarbeit und ebensolche Schwankungen hinsichtlich der »frei« verfügbaren Zeitressourcen verbunden, die wahrscheinlich unter den gegebenen Bedingungen nicht vollständig zur Deckung gelangen.[28] Es fehlt gewissermaßen – im biographischen Längsschnitt betrachtet – an »Zeitbanken« oder »Speicherhäusern«, in welche gleichsam die Überschüsse der »sieben fetten Jahre« eingelagert und aus denen sie während der »sieben mageren Jahre« entnommen werden können. Und ebenso mangelt es an geeigneten Verfahren des Bedarfsausgleichs, der im sozialen Querschnitt zwischen »zeitarmen« und »zeitreichen« Haushaltstypen zum beiderseitigen Vorteil stattfinden könnte.

Ein in diesem Zusammenhang interessanter Ansatz für eine konstruktive institutionelle Reform wurde von Gösta Rehn (1977) entwickelt. Nach diesem Konzept sollen »Ziehungsrechte« auf bezahlte Freistellungen von der Arbeit und auf finanziell entsprechend kompensierte temporäre Unterschreitungen der »normalen« Erwerbsarbeitszeit aus einem Sozialversicherungsfonds die im sozialen Querschnitt diversifizierten und im biographischen Längsschnitt variierenden Bedarfe für außerberufliche Aktivitäten durch eine entsprechend flexible Gestaltung der Erwerbsarbeitszeit ausgleichen. Ein solches Modell würde nicht Arbeitszeit*verkürzungen* finanzieren, sondern die bedürfnisgerechte *Umverteilung* einer chronometrisch fixierten Lebensarbeitszeit. Auf Modifikationen und die Ausgestaltung dieses Ansatzes zur Realisierung von »Zeitsouveränität« wird in Kapitel 6. noch eingegangen.

---

28 In diesem Sinne definieren Ferber/Wedekind (1984: 513) Familie als *sozialen Prozeß* bzw. sprechen von dem in verschiedene Stadien gegliederten *Familienzyklus*, »die sich deutlich in ihrer Fähigkeit, Hilfe zu leisten, wie in ihrem Risiko, in Krisensituationen zu geraten, unterscheiden«, wobei die Mobilisierung von Hilfen über die Grenzen des einzelnen (Familien-)Haushalts hinausgreift (s. dazu unter Kapitel 5.).

3. Abnehmende Wohlfahrtsproduktivität von Zeit?

Während die Behauptung eines Wachstums »freier« Zeitressourcen der Haushalte auf den ersten Blick einleuchtend ist (sich aber, wie gezeigt, bei näherer Analyse als relativierungs- und differenzierungsbedürftig erweist), spricht zunächst nicht viel dafür, daß der »Wert« der Ressource Zeit, d.h. der Zeitkontingente außerhalb der Erwerbsarbeit, abnehmen sollte. So lag 1983 der Wert des Gebrauchsvermögens der privaten Haushalte nur um *ein Viertel* unter dem Wert des Ausrüstungsvermögens des Unternehmens- und Staatssektors (der Wert der Gebäude ist jeweils unberücksichtigt - vgl. Schäfer 1985: 115), und in realen Preisen hat sich der Anteil dauerhafter Gebrauchsgüter an den privaten Verbrauchsausgaben zwischen 1960 und 1986 annähernd verdoppelt (auf 12,4 Prozent). Demgegenüber stagnieren die *realen* Budgetanteile für verschiedene Teilbereiche des Dienstleistungskonsums (»final service functions«) oder sind sogar rückläufig (vgl. Döhrn 1988: 72ff.; Gershuny 1983: 17f.). Die privaten Haushalte sind damit als dezentrale Arbeits- und Produktionsstätten ein wesentlicher Faktor der gesamtgesellschaftlichen Wohlstandsproduktion (vgl. Zapf et al. 1987a: 221f.). Je nach Berechnungsweise macht der Wert der Haushaltsproduktion zwischen 30 und 50 Prozent des Sozialprodukts aus (vgl. die Zusammenstellung verschiedener Schätzungen bei Schäfer 1988: 309). Selbst wenn man die Größenordnung solcher Schätzergebnisse aus methodischen Gründen mit Vorbehalten versehen muß (vgl. Jessen et al. 1985: 402ff.; s. auch oben, Anm. 18), so zeigen die Rechnungen doch eines ganz deutlich: Die nichtmarktbestimmte Produktion der privaten Haushalte in Relation gesetzt zum Sozialprodukt als Meßgröße der Volkswirtschaftlichen Gesamtrechnung bleibt in den Nachkriegsjahrzehnten *annähernd* konstant, d.h. der wie zuverlässig auch immer gemessene Umfang der Haushaltsproduktion ist ebenso *gewachsen* wie die statistisch erfaßte Produktion.

Im folgenden sollen zunächst verschiedene Argumente vorgestellt und geprüft werden, die tendenziell die Ausgangsbehauptung eines Wertverlustes der Zeit außerhalb der Erwerbswirtschaft bestätigen. Sie beziehen sich auf den log(ist)ischen Vorsprung des Geldes gegenüber der Zeit, das Anwachsen »defensiver« (Haushalts-)Produktion und ihre Produktivitätsverluste durch die privatistische Konsumorientierung in immer kleineren Haushalten sowie auf die begrenzten Ausweitungsmöglichkeiten für Eigenproduktion und Selbstversorgung. Diesen in den Unterabschnitten des Kapitels 3. entfalteten Argumenten stehen faktische Entwicklungen entgegen, die die Annahme einer sinkenden Wohlfahrtsproduktivität erwerbsfreier Zeit relativieren. Die Betrachtung solcher Entwicklungen beschränkt sich auf das »Do-it-yourself«, einem Tätigkeitsfeld, das auch in neuartigen Arrangements des Bedarfsausgleichs Platz finden bzw. dort ggf. unter veränderten Prämissen ausgeweitet werden könnte. Ein anderes Tätigkeitsfeld, die Erbringung sozialer Dienstleistungen in familialen/nachbarschaftlichen Netzwerken, wird innerhalb des Kapitels 5. näher beleuchtet.

Die Überlegenheit von »Geld« gegenüber »Zeit«

Erst in Verbindung mit den Annahmen der nachfolgenden Unterabschnitte dieses Kapitels gewinnt das folgende Argument an Plausibilität: Wegen der je spezifischen Eigenschaften ist das Medium »Geld« dem Medium »Zeit« generell überlegen (vgl. zum folgenden auch Hinrichs 1988: 204ff.). *Geld* entspricht in jeder Stückelung, zu jeder Zeit und in allen sozialen Kontexten dem (aufgedruckten) Nominalwert.[29] *Zeit* dagegen ist nicht in der Weise »homogen«, daß der chronologische Wert stets gleich wäre. Sowohl als potentielles Arbeitsangebot wie auch als »Freizeit« ist sie aufgrund der natürlichen oder gesellschaftlichen Zeitrhythmik unterschiedlich »wertvoll« (z.B. nachts zwischen drei und fünf Uhr ist Zeit relativ »wertlos« – außer zum Schlafen), und der Wert einer Zeitstrecke ist ferner davon abhängig, welche Zeitverwendungen ihr sequenziell vorangehen bzw. nachfolgen. Aber nicht nur ist der Wert der Zeit davon abhängig, *was* grundsätzlich an Aktivitäten (un-)möglich ist, sondern auch davon, mit *wem* diese gemeinsam gestaltet werden können, d.h. die »Zeitqualität« bestimmt sich auch danach, ob Familienmitglieder, Freunde usw. ebenfalls zur gleichen Zeit für gemeinsame Freizeit-, Do-it-yourself- oder andere Aktivitäten Zeitkontingente zur Verfügung haben. Außerdem läßt sich Zeit nicht in beliebige sinnhafte Einheiten »zerstückeln«. Es bleiben dann immer unbrauchbare Zeitreste übrig, die man sich »vertreiben« muß, weil man sie weder »sparen« und zu aktuell benötigten Einheiten zusammenlegen noch an Dritte übertragen

29 »Der Wert einer gegebenen Geldsumme (ist) gleich dem Wert jedes einzelnen Objektes, dessen Äquivalent sie bildet, plus dem Werte der Wahlfreiheit zwischen unbestimmt vielen derartigen Objekten« (Simmel 1930: 208f.).

kann. Der Wert der Zeit ist damit abhängig von den aktuellen Nutzungsgelegenheiten, und die Wahlfreiheiten sind entsprechend eingeschränkt. Dagegen läßt sich überschüssiges Geld durch Aufbewahrung sogar vermehren, und die Zinseinkünfte verbessern die künftigen Befriedigungschancen.

Darüber hinaus besteht zwischen »Geld« und »Zeit« eine asymmetrische Konvertierbarkeit derart, daß durch die Verausgabung von Geld bedarfsgerechte Zeitstrecken für sich oder für andere »gekauft« werden können, um die chronologisch unterschiedlichen Valenzen von Zeit bzw. Zeitknappheiten auszugleichen (z.B. Inanspruchnahme eines Marktanbieters für eine benötigte Dienstleistung anstelle von zeitaufwendigerer »Selbstbedienung« oder durch Wahl eines schnelleren, aber teureren Verkehrsmittels). Umgekehrt ist es viel problematischer, verfügbare Zeitressourcen in Geld umzuwechseln oder durch Zeitverausgabung ein knappes monetäres Budget zu schonen: Der Verkauf von Arbeitszeit gelingt nur bei vorhandener Nachfrage auf dem Arbeitsmarkt, und die Chancen, Geld durch zeitintensive Eigenproduktion zu »sparen«, sind von der Lage und Verteilung der zur Verfügung stehenden Zeitressourcen abhängig sowie von geeigneten qualifikatorischen und räumlichen Voraussetzungen (z.B. der Gelegenheit zum Gemüseanbau für den Eigenbedarf oder der Entfernung zu preisgünstigen Selbstbedienungsmärkten). Wenn nur Zeit (wie auch immer chronologisch gelagert und verteilt), aber nicht zugleich auch Geld verfügbar ist, sinkt ihr Nutzwert. Denn angesichts der soziokulturell bestimmten Normen und Formen der Zeitverwendung bedeutet Zeitverfügbarkeit nur in Kombination mit entsprechenden Geldressourcen *nicht* Langeweile, Exklusion (von geschätzten Aktivitäten) und »disutility«. Weil Geldbesitz (nicht die Verausgabung!) grundsätzlich immun ist gegenüber Enttäuschungen und zugleich Optionen für eine unendliche Fülle von Verwendungen in der Zukunft bereithält, ist die Vermehrung des Geldbesitzes von keinem abnehmenden Grenznutzen begleitet, und es gibt dafür wohl auch keinen relevanten Sättigungspunkt. Demgegenüber sinkt mit der Verfügbarkeit über freie Zeitressourcen der Grenznutzen. Denn zufriedenstellendes Zeiterleben setzt offenbar ein bestimmtes Spannungsverhältnis zu verpflichtenden Aktivitäten voraus – insbesondere in einer »Arbeitsgesellschaft« –, sei es durch die Erfahrung und/oder Demonstration der eigenen (gesellschaftlichen) »Nützlichkeit«, sei es wegen des erlebten Gegensatzes von »Arbeitstag« und »Feierabend« oder »Alltag« und »Feiertag«/»Urlaub«.

Bezogen auf die konkrete Fragestellung dieses Abschnitts lassen sich die vorangegangenen Überlegungen wie folgt weiterführen: Der »Wohlfahrtswert« eines gegebenen Umfangs erwerbsfreier Zeit bemißt sich für die Haushaltsarbeit wie für »originäre« Freizeitaktivitäten danach, (a) wie »vertaktet« die soziale Umwelt ist, (b) inwieweit die Lage und Verteilung der Erwerbsarbeitszeit der kollektiven Rhythmik (nicht) entspricht und (c) in welchem Ausmaß autonom über die Erwerbsarbeitszeit disponiert werden kann.[30] Auf die Einschränkungen der »Zeitqualität«, die sich für Kunden, Klienten, Patienten aus synchron gelagerten »on«- und »off«-Zeiten von relevanten Organisationen ergeben, wurde oben (S. 32) bereits hingewiesen (vgl. auch Knulst 1984: 23f.). Für Erwerbstätige, deren Arbeitszeit teilweise »quer« dazu liegt, mag das vielfach mit bestimmten Vorteilen verbunden sein. Dennoch werden Schicht-, Nacht-, Wochenend- und Feiertagsarbeit im angelsächsischen Sprachraum zu Recht als »unsocial hours« bezeichnet, weil die davon betroffenen Arbeitnehmer von vielen Betätigungen während »sozial wertvoller« Zeiten ausgeschlossen werden, die sich aufgrund der kollektiven »Aktiv«-/»Ruhe«-Rhythmik herausbilden (vgl. Hinrichs 1988: 148ff. und 291ff.; Neuloh 1964). Diese Zugangsbarrieren betreffen Familienfreizeitaktivitäten und die Teilhabe an kulturellen Veranstaltungen am »Feierabend« oder während des »freien« Wochenendes, aber auch produktive Tätigkeiten in Nachbarschafts- oder Verwandtschaftsnetzwerken, die üblicherweise ebenfalls zu diesen Zeiten organisiert werden (und zu anderen Zeiten z.B. wegen möglicher »Ruhestörung« gar nicht ausgeführt werden können), sind davon teilweise negativ tangiert. Die von der Arbeitgeberseite forcierte Arbeitszeitflexibilisierung mit dem Ziel, durch Ausdehnung der Betriebsnutzungszeiten, Anpassung der zeitlichen Arbeitskraftnutzung an Marktschwankungen und Differenzierung der regelmäßigen Arbeitszeitdauer nach bestimmten Beschäftigtengruppen bislang ungenutzte Produktivitätsreserven zu erschließen, dürfte zu einer weiteren Heterogenisierung der Arbeitszeitmuster führen und Arbeitszeitlagen/-verteilungen außerhalb des noch bestehenden »Normalrasters« vermehren (Wochenend- und Schichtarbeit). Darüber hinaus ist eine »Entstetigung« der Arbeitszeit mit einer entsprechend reduzierten festen Voraussicht und Disponibilität über die erwerbsfreie Zeit zu erwarten. Es ist davon auszugehen, daß durch diese Entwicklungen über den Kreis der unmittelbar betroffenen Arbeitskräfte hinaus Verschlechterungen der »Zeitqualität« eintreten werden, wenn z.B. in Haushalten des Typs IIIa/b die Arbeitszeitlagen/-verteilungen der Ehepartner asynchron werden oder durch die Schwankungen der Inanspruchnahme von Arbeitskraft die Planung der gemeinsamen erwerbsfreien Zeit erschwert wird.

Die Einführung bzw. Ausweitung solcher arbeitszeitflexibilisierender Regelungen stand im Zusammenhang mit gewerkschaftlichen Arbeitszeitverkürzungs-

---

30 Nicht ausführlich weiter verfolgt werden hier die vielfältigen Aggregateffekte individueller Zeitverwendungsentscheidungen, die als Verkehrsstauungen, »Engpässe« bei der Nutzung von Freizeiteinrichtungen usw. auftreten und die Wohlfahrtsproduktivität der Zeit herabsetzen, insbesondere den »Wert« wachsender *Freizeit* mindern. Mehr Dispositionsfreiheit über Lage und Verteilung der Erwerbsarbeitszeit ist offenbar ein Weg zur partiellen Vermeidung solcher Wohlfahrtsverluste (s. dazu weiter unten in diesem Abschnitt).

forderungen. Für die »Wohlfahrtsproduktivität« erwerbsfreier Zeit ist deshalb auch von Belang, wie die tarifvertraglich vereinbarten Arbeitszeitverkürzungen umgesetzt werden. So zeigt die bereits mehrfach zitierte niederländische Zeitbudget-Studie je nach Form der Umsetzung ganz unterschiedliche Konsequenzen für die Zeitverwendung der (begünstigten) *männlichen* Beschäftigten (vgl. Knulst/Schoonderwoerd 1983: 122ff.). Als »freier« Freitagnachmittag führt die Arbeitszeitverkürzung in stärkerem Maße als bei der Verteilung auf einzelne Werktage oder bei einer Umschichtung auf vier (verlängerte) Werktage zur Ausdehnung ihrer Haushaltsarbeit und der (partnerschaftlichen) aktiven Freizeitgestaltung außer Haus. Der »Zeitgewinn« aus einer werktäglichen Arbeitszeitverkürzung geht dagegen verstärkt in den Massenmedienkonsum und wird für die Erledigung persönlicher Bedürfnisse verwandt (mehr Schlaf, längeres Verweilen bei den Mahlzeiten). Es kann hier nicht grundsätzlich der Wohlfahrtswert bestimmter Verteilungen (zusätzlicher) erwerbsfreier Zeiten beurteilt werden, aber Umfragen zu den bevorzugten Formen von Arbeitszeitverkürzungen zeigen deutlich die hohe subjektive Wertschätzung von größeren Blöcken erwerbsfreier Zeiten (vgl. EMNID 1983: 107ff.; Hinrichs 1988: 256ff.).

Schließlich bestimmt sich der individuelle Wohlfahrtswert der Zeit danach, inwieweit man »Zeitnehmer« ist, d.h. extern gesetzten »on«- und »off«-Zeiten von Organisationen, auf deren Leistungen man angewiesen ist oder für die man Leistungen zu erbringen hat, gehorchen muß. Weil mit zunehmender gesellschaftlicher Komplexität und der Verflechtung der Haushalte mit staatlichen und marktlichen Leistungssystemen die präzise Einhaltung von Terminen und Fristen sowie die Beachtung von Öffnungszeiten bedeutsamer werden, ist die Möglichkeit zur autonomen Disposition über die eigene Erwerbsarbeitszeit eine wichtige Stellgröße. Statt einfach nur »viel Zeit« (außerhalb einer vorgegebenen Arbeitszeit) zu haben, ist es vorteilhafter, sich kontextuell sinnvolle Zeitstrecken »schneiden« zu können. Wer selbst den Zeitbedarf seiner Handlungen, den Zeitpunkt und die Abfolge aktiv strukturieren kann, also »Zeitsouveränität« besitzt, ist in der Lage, Zeit qualitativ zu »vermehren«, weil unbrauchbare Restzeiten (»Leerlauf«), Engpässe (Warteschlangen, Verkehrsstauungen) und sich überschneidende Zeitansprüche zu vermeiden sind.[31] Überdies kann unter diesen günstigen Handlungsvoraussetzungen Geld »gespart« werden, wenn

31 Grundsätzlich gilt auch (oder gerade) für Hausfrauen ein hoher Grad autonomer Zeitorganisation. Zahlreiche Aufgaben jedoch sind unaufschiebbar und fallen diskontinuierlich an, so z.B. im Zusammenhang mit der Betreuung oder Beaufsichtigung von Kindern. Diese (ungeplanten) Unterbrechungen von Freizeitaktivitäten mindern den »Wert« der Zeit und mögen die Wahrnehmung in der Weise beeinflussen, daß die addierten Strecken freier Zeitverwendung kürzer erscheinen als sie tatsächlich sind.

»defensive« Ausgaben für ansonsten manchmal notwendige Zeitbeschaffung nicht anfallen oder knappheitsbedingte Mehrpreise (z.B. Saisonzuschläge) zu umgehen sind. Deshalb ist es wahrscheinlich, daß eine *längere* Erwerbsarbeitszeit, über deren Lage weitgehend autonom disponiert werden kann, *mehr* sinnvoll nutzbare »Freizeit« mit *mehr* Verwendungsalternativen und einer deshalb *höheren* Nutzungsqualität eröffnet als eine kürzere, aber starr vorgegebene Arbeitszeit.

Empirisch besteht eine deutliche Kovarianz von hohem sozioökonomischen Status *und* langer Erwerbsarbeitszeit, verbunden jedoch mit einer größeren Kontrolle über deren Lage und Verteilung.[32] Auf der anderen Seite erhalten diejenigen mit relativ viel erwerbsfreier Zeit diese überwiegend *zugeteilt* und z.T. zu Zeiten oder in »Stückelungen«, die wenig(er) attraktive Verwendungsalternativen zulassen, erfahren regelmäßig eingeschränktere Selbstbestimmungs- und Selbstentfaltungsmöglichkeiten im Arbeitsprozeß und verfügen über ein geringeres Einkommen, wodurch die Gestaltungsalternativen für die erwerbsfreie Zeit nochmals reduziert werden. Entsprechend der jeweils unterschiedlichen Wohlfahrtsproduktivität gehen diejenigen mit einer chronometrisch geringeren erwerbsfreien Zeit sorgsamer mit ihr um, offenbaren ein aktiveres, weniger routinegeprägtes Freizeitverhalten in einem größeren sozialen Lebensraum und kennen weniger das Gefühl von Langeweile[33] (vgl. Hinrichs 1988: 212 m.w.N. und 237ff.). So steigt denn auch die Vielfalt der Freizeitaktivitäten linear mit dem verfügbaren Einkommen und dem Niveau der Bildungsabschlusses (Knulst/Schoonderwoerd 1983: 29f. und 108).

Aufgrund der unterschiedlichen Marktmachtposition dürften die vorgenannten Arbeitszeitflexibilisierungen die Polarisierung des Wohlfahrtswertes von erwerbsfreier Zeit nach sozioökonomischem Status eher noch vertiefen, d.h. auf der einen Seite werden bestimmte Arbeitskräftegruppen ihnen zugemutete Verschlechterungen der Arbeitszeitsituation nicht abwehren können, auf der anderen Seite werden marktmachtstarke Gruppen in der Lage sein, in Kompromissen mehr Möglichkeiten für eine autonome Zeitgestaltung zu gewinnen.

---

32 Die Stellung in der Hierarchie gesellschaftlicher Ungleichheit beeinflußt auch die »Wartezeiten«, denn Dienstleistungsanbieter bewerten die Zeit ihrer Kunden/Klienten nach deren sozialer Position und Macht und verschieben entsprechend innerhalb der Warteschlangen.

33 In mehrfach replizierten Umfragen des Instituts für Demoskopie Allensbach wurde festgestellt, daß seit den fünfziger Jahren immer mehr Erwachsene das Gefühl von Langeweile an Sonn- und Feiertagen kennen (1958 waren es 23 Prozent der erwachsenen Bevölkerung; 1982/83 schon 38 Prozent). In der Kategorie der Berufstätigen war dieses Gefühl bei den Arbeitern und einfachen Angestellten/Beamten stets am häufigsten präsent, und bei ihnen hat es auch am stärksten zugenommen (vgl. Noelle/Neumann 1965: 389; Piel 1987: 59).

Die Ausweitung »defensiver« Haushaltsproduktion

Auf einer ganz anderen Ebene liegt das folgende Argument zum abnehmenden Wohlfahrtswert von »Zeit«. Fred Hirsch (1980: 91ff.) hat darauf aufmerksam gemacht, daß die von den Haushalten erworbenen Güter und Dienstleistungen sich danach unterscheiden lassen, ob sie für sich eine primäre Befriedigung erbringen oder ob ihre Befriedigung gleich Null oder sogar negativ ist. Die zuletzt genannte Kategorie bezeichnet er als *defensive* Güter bzw. ihren Ge-/Verbrauch als *defensiven Konsum*. Dieser defensive Konsum dient ausschließlich dazu, einem negativen Faktor entgegenzuwirken oder eine Verschlechterung der externen Umweltbedingungen auszugleichen, trägt also nur zum *Erhalt* eines erreichten Wohlfahrtsniveaus bei, erhöht es aber nicht. Wenn jedoch die meisten Güter beim Endverbraucher unmittelbar keinen Nutzen stiften, heißt das nicht, daß sie sämtlich defensive Güter seien. So ist z.B. der Erwerb eines Elektroherds für den Haushalt ein »Zwischenprodukt«, mit dessen Hilfe sog. »basic commodities« (hier: verzehrfertige Mahlzeiten) erzeugt werden. Für unsere Fragestellung ist bedeutsam, ob es nicht nur einen defensiven *Konsum* der privaten Haushalte (mit entsprechenden Ausgaben) gibt, sondern auch eine defensive (Haushalts-)*Produktion*. Wie Haushalte zur Abwehr von Wohlfahrtsrückschritten (immer) mehr Einkommensbestandteile für den defensiven Konsum aufzuwenden haben, so ist es ebenso denkbar, daß sie zunehmend unbezahlte Arbeit einsetzen müssen, um negative Veränderungen ihrer natürlichen, sozialen oder technischen Umwelt abzufedern.[34] Analog zu der hinlänglich bekannten Argumentation, daß (u.a.) wegen des defensiven Konsums das Wachstum des Sozialprodukts kein adäquater Indikator für Niveauveränderungen der gesellschaftlichen Wohlfahrt ist, würde die Existenz solcher defensiver Produktion des Haushalts den durch das Ausmaß der geleisteten Haushaltsarbeit ermittelten Wohlfahrtswert unzutreffend wiedergeben und den sinkenden Wohlfahrtsertrag dieser Arbeit nicht angemessen anzeigen. Insoweit wäre auch der Aufweis eines langfristig annähernd konstanten Verhältnisses des Werts der Haushaltsproduktion zum Sozialprodukt z.T. ein Artefakt.

Daß mit solcher defensiver Produktion in jedem Fall zu rechnen ist, wurde weiter oben bereits deutlich, wenn nämlich marktliche und staatliche Organisa-

34 Wenn mit der Ausweitung des Verbrauchsvolumens bzw. der Vergrößerung des Bestandes an Gebrauchsvermögen das »Konsummangement« ebenfalls zunimmt (s.o., S. 30), so sind diese zusätzlichen Arbeitsleistungen nicht der defensiven Produktion zuzurechnen, obwohl ohne sie die *Steigerung* des Wohlfahrtsniveaus der Haushalte nicht realisiert werden könnte, die aufgrund des materiellen Wohlstandszuwachses möglich ist.

tionen für die Haushalte unverzichtbare Leistungsangebote reduzieren oder einstellen und sie zu vermehrten Selbstbedienungsaktivitäten geradezu »zwingen«. Aber auch weit darüber hinaus wachsen durch die gesellschaftliche Komplexitätssteigerung die Anforderungen an die alltägliche Daseinsbewältigung. Ob es sich beispielsweise um den Zeitaufwand handelt, die EDV-erstellte (unübersichtliche) Stromrechnung zu prüfen, oder den Pkw nicht nur dem TÜV, sondern neuerdings zusätzlich auch zur Abgassonderuntersuchung vorzuführen, oder den Demokratievorstellungen der Schulmitwirkungsgesetze der Länder zu genügen – all diese als Einzeltätigkeiten z.T. geringfügigen Zusatzarbeiten dürften sich in der Summe zu einem beträchtlichen unbezahlten Arbeitsaufwand addieren, die dem einzelnen Haushalt *keine* als solche erlebte Wohlfahrtssteigerung bringen. Genau ermitteln läßt sich der Umfang und die Ausweitung der defensiven Produktion der Haushalte kaum; lediglich impressionistische Beispiele aus dem Alltagsleben mögen die Relevanz andeuten.

Produktivitätsverluste der Haushaltsproduktion durch »privatistische Konsumorientierung«

In eine ähnliche Richtung geht eine dritte Argumentationslinie: Marktliche und staatliche Organisationen haben in der Vergangenheit durch Größenwachstum und Zentralisierung bei gleichzeitig höhergradiger Arbeitsteilung und Spezialisierung enorme Produktivitätszuwächse erzielen können (sog. »economies of scale«). Demgegenüber ist bei den privaten Haushalten eine genau entgegengesetzte Entwicklung verlaufen. Sie sind zahlreicher und personell kleiner geworden – insbesondere nach dem 2. Weltkrieg: So wuchs zwischen 1957 und 1987 die Bevölkerung um 14 Prozent, die Zahl der Privathaushalte dagegen um 47 Prozent. Dies ist ganz wesentlich das Ergebnis der Zunahme der Zahl der Einpersonen-Haushalte, deren Anteil im gleichen Zeitraum von 18,3 auf 34,6 Prozent anstieg (vgl. StBA 1987: 194). Die »Verkleinerung« der Haushalte bedeutet einmal ein Reduzierung der internen Problemlösungskapazität, wenn unerwartet (Geld-)Ressourcen ausfallen oder neue Bedarfe (z.B. Pflegefall) auftreten. In Mehrpersonen-/Mehrgenerationen-Haushalten sind solche Problemlagen durch das »Poolen« der Ressourcen verschiedener Haushaltsmitglieder prinzipiell eher zu verkraften. Zum anderen – und darauf zielt hier die Hauptlinie der Argumentation – sind mit der gleichzeitigen Vermehrung und Verkleinerung der Haushalte zweifellos Produktivitätsverluste verbunden gewesen (»*dis*-economies of small scale«). Die wenig effiziente »kleinstbetriebliche« Organisation der Haushaltsproduktion bedeutet im Grunde eine Verschwendung von Zeitressourcen und Kapital (durch »unökonomische« Auslastung der zur Haushaltsführung notwendigen technischen Ausstattung), denn unbestreitbar ist

»das Leben von 5 Singles unvergleichlich (zeit)aufwendiger .. als das von Haushaltungsvorstand, den Schein wahrender Ehefrau, unverheiratetem Sohn, verwitweter Tante und Minna unter einem gemeinsamen Dach« (Müller-Wichmann 1987: 28; vgl. Reid 1934: 156ff.).

Im Zusammenhang mit der wegen der unterschiedlichen Transaktionskosten »einfacheren« Organisierbarkeit von Erwerbsinteressen gegenüber Konsumenteninteressen führte Max Weber 1918 folgende Beobachtung aus dem 1. Weltkrieg an:

»Hat doch selbst die Aushungerung jetzt, in Deutschland wenigstens, die Hausfrauen der Masse der Bevölkerung nicht oder nur sehr schwer dazu vermocht, Kriegsküchen-Essen, welches jeder vorzüglich zubereitet und schmackhaft fand, an Stelle ihrer dilettantischen Einzelkocherei anzunehmen, obwohl es ungleich billiger war« (Weber 1924: 504).

Seine Eindrücke zeigen, daß selbst unter ganz elenden Bedingungen um der Aufrechterhaltung von *Privatheit* und *Autonomie* willen auf die Vorteile der »Vergesellschaftung« verzichtet wurde. Wenn die Steigerung des allgemeinen Wohlstandsniveaus sowie damit in Zusammenhang stehende gesellschaftliche Individualisierungsprozesse zu einer Pluralisierung von Lebensformen und Diversifizierung von Lebensstilen geführt haben, so bedeutete dies zugleich eine - verglichen mit den ersten Jahrzehnten dieses Jahrhunderts - weitere »Verallgemeinerung von Privatheit als Lebensform« (Mooser 1984: 151). Dies schloß ein die Orientierung auf ein kulturelles Modell der Lebensführung, das Rammert (1987a: 321; vgl. 1987b) als »konsumeristisches Paradigma« bezeichnet. Es meint die Übernahme eines in den USA in den zwanziger und dreißiger Jahren etablierten Konsummodells, welches sich in der Bundesrepublik ab den fünfziger Jahren im Gefolge der exzeptionellen Realeinkommenssteigerungen (und in Verbindung mit chronometrisch ausgedehnten erwerbsfreien Zeit in den verschiedenen Dimensionen) voll entfalten konnte - abzulesen an der rasanten Ausbreitung von Konsumtechnologien als Privatbesitz in den Haushalten, aber auch der güter- bzw. ausgabenintensiven Freizeitgestaltung außer Haus (s.u., Kapitel 5.). Voraussetzung für die Nutzung von Haushaltstechnik im Privatbesitz sowie für die Angleichung und Standardisierung der privatisierten Hausarbeit war die flächendeckende öffentliche Versorung mit Energie und Wasser und Entsorgung von Abwasser durch dezentrale Installationssysteme von Leitungen und Anschlüssen (vgl. Orland 1986: 133ff.). Ungleichzeitigkeiten in der Universalisierung der Ausstattung und Qualitätsdifferenzen ergaben sich - auf stets höherem Niveau der Technisierung - lediglich durch fortbestehende Einkommensunterschiede. Zieht man beide Aspekte zusammen, dann ist es diese *privatistische Konsumorientierung*, die die Ineffizienz der nichtmarktbestimmten Produktion bewirkt und die noch gesteigert wird durch die von Individualisierungsprozessen ebenfalls ausgelöste Veränderung der Haushaltsgrößen bzw. Zunahme der Zahl der Haushalte. Weil »der technisierte, hochprivatisierte Haushalt offenbar den Präferenzen vieler Betroffener entgegenkommt« (Zapf et al. 1987a: 225 unter Hinweis auf Cowan 1983: 150[35]), dürfte aber gerade in der privatistischen Konsumorientierung eine wesentliche Barriere für soziale Innovationen liegen, die auf stärker kooperative Versorgungsformen zielen.

Ob die um des Vorteils der Wahrung von Privatheit und Autonomie inkaufgenommenen (ökonomischen) Nachteile eines ineffizient hohen Arbeitszeitaufwands pro Haushalt sowie einer ineffizient niedrigen Auslastung der Kapitalgüterausstattung pro Haushalt aber tatsächlich eine »rigide« Barriere darstellen, kann selbstverständlich erst dann beurteilt werden, *wenn* institutionelle Alternativen zur Verfügung stehen und mithin das Syndrom der privatistischen Konsumorientierung der Gelegenheit ausgesetzt ist, sich im Sinne einer partiellen »Vergesellschaftung« des Konsums zu rationalisieren.

Private Haushalte in der »Modernisierungsfalle«

Privatistische Konsumorientierung heißt weiterhin – und das ist das vierte Argument für einen sinkenden Wohlfahrtswert erwerbsfreier Zeitkontingente – einen engeren Anschluß der Haushalte an Arbeits- wie Güter-/Dienstleistungsmärkte. Der mit steigendem Realeinkommen erweiterte Zugang zu Güter- und Leistungsangeboten des Marktes verdrängte traditionelle Eigen*produktionen* des Haushalts, und die Haushaltsarbeit wurde zunehmend *Konsum*arbeit in dem Sinne, daß sie sich auf das »Konsummanagement« (Vorbereitung und Abwicklung von *Kauf*entscheidungen) sowie auf die »Endstufe« der Bearbeitung von Konsumgütern für den Akt des unmittelbaren Ver- oder Gebrauchens konzen-

---

35 Ruth S. Cowan (1983: 102ff.) beschreibt eindrucksvoll eine Reihe gescheiterter Versuche, die Haushaltsarbeit durch Maßstabsvergrößerung effizienter zu gestalten bzw. bestimmte Produktionsleistungen aus den Haushalten vollends auszulagern (an kommerzielle Anbieter). Ein wesentlicher Grund, warum sie scheiterten, lag in dem symbolischen Gehalt dieser Produktionsleistungen und weiterhin darin, daß die Integration der Familie durch weniger Privatheit und Autonomie bedroht schien (vgl. ebd.: 149f.). Orland (1986: 133) zitiert eine Untersuchung von G. Uhlig, wonach neben der Sorge um die familiäre Intimität auch die *höhere* Kostenintensität ein weiterer Grund für das Scheitern von Haushaltsgenossenschaften und anderen kollektiven Formen haushaltlichen Wirtschaftens war.

trierte. Dieser Funktionseinschränkung der Haushalte auf den *privaten* (Freizeit-)*Konsum* korrespondiert die Ausstattung der Wohnungen und die (öffentliche) Gestaltung des Wohnumfelds (vgl. Knulst 1984: 17ff. und 30). Da weiterhin die materielle Wohlstandssteigerung entsprechende Optionen eröffnete, »Privatheit« in immer kleineren Haushaltseinheiten zu realisieren, sind die Leistungskapazitäten der Haushalte für ein »Umsteigen« auf (wieder) stärkere Eigen*produktion* beschränkt und nicht ohne weiteres durch individuelle Entscheidungen zu revidieren, hat doch die »erwerbsorientierte Organisierung des privaten Haushalts« (Rammert 1987b: 13) dessen Abhängigkeit von einem fortdauernd fließenden (Erwerbs-)Einkommensstrom gesteigert. Die Nutzung des immens gestiegenen Bestandes an Konsumtechnologien ist gebunden an monetäre Ressourcen zur Finanzierung der Energiekosten, der Kosten für die Bereitstellung der notwendigen Infrastruktur (Grundgebühren), der Aufwendungen für Reparaturen und für die Beschaffung von Expertenwissen usw. Die eben beschriebenen Strukturveränderungen haben also die privaten Haushalte in eine »Modernisierungs- bzw. Kommerzialisierungsfalle« geraten lassen (Offe/Heinze 1986: 473f.).

Wenn ausgedehnte erwerbsfreie Zeitkontingente also nur in Verbindung mit verbesserten Chancen zur Konsumausweitung ihre wohlfahrtssteigernde Potenz entfalten können, sich als solche jedoch nur begrenzt zur Ausgabensubstitution eignen, dann ist der Wohlfahrtswert von »Zeit« größer, wenn sie in der Erwerbsarbeit zur Erzielung von Einkommen eingesetzt wird. Es mag auch diese zunehmende Wohlfahrtsdifferenz in der Zeitverwendung dafür verantwortlich sein, daß aktuell die Präferenzen der beschäftigten Arbeitnehmer für kürzere Arbeitszeiten nicht sehr ausgeprägt sind und im langfristigen Vergleich ein immer geringerer Anteil des Verteilungszuwachses für Arbeitszeitverkürzungen und ein immer größerer für Einkommenssteigerungen verwandt wurde (vgl. Hinrichs 1988: 163ff.).

Es ist nicht abwegig – und das würde die vorgenannte Vermutung stützen –, daß die aus betriebsorganisatorischen Gründen erforderliche und zugleich im Kollektivinteresse der Arbeitnehmerschaft liegende Vorgabe fester Arbeitszeiten und ihre diskontinuierlich stattfindende Verkürzung dazu *beigetragen* hat, die »Modernisierungsfalle« aufzubauen. Wegen der nur begrenzten Möglichkeiten zur individuellen Variation (durch Mehrarbeit oder Teilzeitbeschäftigung) ist es unwahrscheinlich, daß die jeweils geltende Normalarbeitszeitdauer den Präferenzen *aller* Arbeitnehmer entspricht. Immer gibt es »Unterbeschäftigte« und »Überbeschäftigte«. Letztere – und nur darauf beschränkt sich die nachfolgend wiedergegebene Argumentation von K.W. Rothschild (1982) – würden die Umsetzung eines produktivitätsinduzierten Verteilungszuwachses als Arbeitszeitverkürzung präferieren. Sie akzeptieren aber auch (eher als die »Unterbeschäftigten« umgekehrt die Alternative eines Freizeitzuwachses) eine an sich »unerwünschte« Lohnerhöhung. Denn diese erlaubt ihnen ein güterintensiveres Konsumverhalten, d.h. sich durch höhere Geldverausgabung die präferierte »freie Zeit« zu kaufen. Auf diese Weise wird nicht nur ihr ursprünglicher Wunsch nach Arbeitszeitverkürzungen abgeschwächt oder befriedigt, durch »Gewöhnung« an das höhere Ausstattungsniveau mit (vorgeblich) »zeitsparenden« Gebrauchsgütern oder an den »Zeitgewinn« bzw. »Komfort« von in Anspruch genommenen Dienstleistungen wird auch die Rückkehr zu einem weniger güterintensiven Konsumverhalten inakzeptabel. Der so ausgelöste Präferenzwandel bewirkt, daß nicht mehr die Reduzierung der Arbeitszeit auf das ursprünglich präferierte Niveau gewünscht wird, wenn später eine kollektive Neufestsetzung zur Diskussion steht. Die bislang immer diskontinuierlich stattfindende Absenkung des Normalarbeitszeitniveaus verhindert also – so Rothschild – einen alternativen Expansionspfad von steigender Wohlfahrt bei (vergleichsweise) niedrigerem materiellen Standard, d.h. ein zeitintensiveres Konsumverhalten, das bei einer in kürzeren Zeitabständen stattfindenden Reduktion der Normalarbeitszeit bzw. bei erweiterten Möglichkeiten zu individuellen Anpassungen der Arbeitzeit an die »originären« Freizeitpräferenzen möglich wäre.

Die Ausweitung von »Do-it-yourself«-Aktivitäten

»Do-it-yourself«-Aktivitäten (im folgenden: DIY) stellen eine Alternative zum Marktbezug gebrauchsfertiger Produktions-, Reparatur-, Wartungs- oder sonstiger Dienstleistungen dar, die als Eigenarbeit zur Selbstversorgung oder im Rahmen von (z.B. verwandtschaftlichen und nachbarschaftlichen) Netzwerken als gemeinschaftliche Selbsthilfe auf Reziprozitätsbasis erbracht wird. Durch Eigenarbeit substituiert wird überwiegend nur die unmittelbare *Erwerbsarbeit* der Marktanbieter bzw. die ihrer abhängig Beschäftigten. Es wird nicht die Marktintegration der Haushalte aufgehoben, sondern lediglich ihre Form verändert. Vom Markt bezogen werden weiterhin regelmäßig die notwendigen Materialien, die Energie und die entsprechenden Produktionsmittel (Geräte, Handwerkszeug). Das DIY und der Heimwerkermarkt haben in den letzten Jahren erhebliche Zuwachsraten zu verzeichnen gehabt, denn das DIY wird umso attraktiver, je höher der Abgabenanteil (Lohnnebenkosten, direkte und indirekte Steuern) am zu verrechnenden Arbeitsstundenpreis eines Marktanbieters (z.B. Handwerkers) ist und je näher der Nettostundenlohn des selbständigen bzw. abhängig beschäftigten Marktanbieters und der des potentiellen Kunden beieinanderliegen, also je mehr Stunden der Kunde in der Erwerbsarbeit zubringen müßte, um sich *eine* Arbeitsstunde eines kommerziellen Anbieters »kaufen« zu können. Diese Relationen haben sich in der Vergangenheit zugunsten einer steigenden Attraktivität des DIY (und anderer Formen der Eigenarbeit) entwickelt und so eine Dynamik im Zusammenspiel *zwischen* haushaltlicher und marktlicher (»offizieller«) Produktion sowie Strukturverschiebungen *innerhalb* des Marktsektors ausgelöst. Für die Ausweitung des DIY sind aber ebenso entscheidend die Entwicklung des *Bedarfs* für solche Arbeiten und die Veränderung der sozialen, qualifikatorischen und technischen *Voraussetzungen* für eine substitutive Leistungserstellung als DIY sowie nicht zuletzt wegen des damit stets verbundenen (positiven oder negativen) Prozeßnutzens die Ausformung der *Präferenzen*.

Empirische Untersuchungen (vgl. IfF 1984, Bd. 1: 97ff.; 1987, Bd. 1: 256; Niessen/Ollmann 1987: 166)[36] zeigen denn auch, daß das Motiv, »Geld zu sparen«, als Begründung für das Heimwerken weitaus am häufigsten genannt wird. Daß diese Zielsetzung weitgehend auch erreicht werden kann - selbst wenn man eine Produktivitätsdifferenz zur Arbeit eines »professionellen« Marktanbieters unterstellt und weiterhin die finanziellen Aufwendungen für die Anschaffung der erforderlichen Heimwerkerausrüstung in der Kalkulation berücksichtigt -, zeigt eine überschlägige Rechnung von Niessen/Ollmann 1987: 44): Wenn das Bruttoarbeitsentgelt eines abhängig beschäftigten »Professionellen« 200,– DM beträgt, muß der Unternehmer dem Kunden für eine Arbeitsleistung, die diesem Bruttolohn entspricht, inklusive Lohnnebenkosten und Mehrwertsteuer (aber noch ohne Einrechnung der Betriebs-/Verwaltungskosten und eines Gewinnaufschlags) 410,60 DM in Rechnung stellen. Würde der Stundenlohnsatz des potentiellen Kunden dem des »professionellen« Arbeitnehmers entsprechen, bekäme er für eine Arbeitsleistung im gleichen zeitlichen Umfang 136,– DM ausbezahlt (bei 32 Prozent Abzügen an Lohnsteuer und Sozialversicherungsbeiträgen). Grob gesprochen, der potentielle Kunde kann also *minde-*

36 Die ältere Studie des Instituts für Freizeitwirtschaft (IfF 1984) beschränkt sich auf handwerkliche Arbeiten in der »Freizeit«, die im Zusammenhang mit Haus/Wohnung und Inneneinrichtung stehen (schließt also Arbeiten am Auto oder im [Nutz-]Garten aus - vgl. IfF 1984, Bd. 1: 1f.). In der neueren IfF-Studie (1987) wurde der gesamte Sektor der sog. »hauswirtschaftlichen Freizeit« untersucht, also auch die Autopflege/-reparatur, Gartenarbeit und nicht-alltägliche Haushaltsarbeiten, wie Backen, Einkochen usw. (vgl. IfF 1987, Bd. 1: 198ff.). Die empirische Basis beider Studien bildeten jeweils repräsentative Bevölkerungsbefragungen in den Jahren 1983 bzw. 1985. Die Studie von Niessen/Ollmann (1987) ist dagegen nicht auf den Baubereich i.w.S. beschränkt (und schließt auch den Bereich der »Schwarzarbeit« ein). Ihre Grundlage ist eine Befragung in räumlich und sozial unterschiedlich strukturierten (Wohn-)Gebieten der Regionen Dortmund, Stuttgart, Moers und Südlohn, einer Gemeinde im Münsterland (vgl. ebd.: 112ff.).

stens das Nettoentgelt von zwei eigenen Erwerbsarbeitsstunden »einsparen«, wenn er statt dessen selbst zur Bohrmaschine oder zum Pinsel greift (vgl. auch Scharpf 1986: 4f. und 9).[37]

Dies geschieht in einem breiten Spektrum an Tätigkeitsfeldern und führt auch - nach Einschätzung der Heimwerkenden - zu den angestrebten Einspareffekten in z.T. beträchtlichen Größenordnungen (vgl. Niessen/Ollmann 1987: 151ff., 157ff. und 220; Merz/Wolff 1988: 217f.). Das IfF ermittelte, daß knapp ein Viertel der erwachsenen Bevölkerung - davon etwa ein Drittel Frauen - zu den »aktiven Heimwerkern« (allein im Baubereich i.w.S.) zu rechnen ist und pro Jahr mindestens 30 Stunden dafür verwendet - ein Anteilszuwachs von 18,6 Prozent im Zeitraum 1975/85. Weitere 22 Prozent sind »gelegentliche Heimwerker« (mit einer Eigenarbeitsleistung von bis zu 30 Jahresstunden. Die »aktiven« Heimwerker sind pro Jahr durchschnittlich 106 Stunden mit DIY-Tätigkeiten befaßt (14 Stunden mehr als in 1983 - vgl. IfF 1987, Bd. 1: 254ff.; 1984, Bd. 1: 107).

Die Zunahme des DIY in der Vergangenheit und die Erwartung einer weiteren beträchtlichen Ausdehnung in der Zukunft (vgl. IfF 1987, Bd. 1: 273ff.) ergab bzw. ergibt sich ganz wesentlich aus dem steigenden Anteil von Eigenheimbesitzern. Verfügten 1962/63 nur rd. 30 Prozent der Haushalte von *abhängig Beschäftigten* über Haus- und Grundbesitz, so waren es 1983 schon etwa die Hälfte (vgl. Braun 1985: 968), und der Wunsch, in den »eigenen vier Wänden« (möglichst einem freistehenden Einfamilienhaus) zu wohnen, ist ungebrochen: 1986 hatten 81 Prozent der Bevölkerung diese Vorstellung (vgl. IfF 1987, Bd. 1: 106).

Für (künftige) Eigenheimbesitzer fallen erhebliche Bedarfe an potentiell durch DIY zu substituierenden Leistungen an: So ist vielfach die Übernahme der sog. »Muskelhypothek« Voraussetzung dafür, sich den »Traum vom Eigenheim« überhaupt erfüllen zu können (vgl. Heinze et al. 1986: 99ff.; IfF 1987, Bd. 1: 150), und für Haushalte, die bereits über Wohneigentum verfügen, ergibt sich neben der Notwendigkeit zur Instandhaltung von Zeit zu Zeit ein Modernisierungsbedarf, um den eigenen Ansprüchen an den Wohnkomfort zu genügen oder die Wohnverhältnisse veränderten Haushaltssituationen anzupassen. Deshalb sind Eigenheimbesitzer - ohne Unterschiede nach der Stellung im bzw. Nähe zum Beruf - unter den »aktiven Heimwerkern« mit 52 Prozent stark

---

37 Unter den verschiedenen Variablen, die die Allokation der Zeit für produktive Nichterwerbsaktivitäten bestimmen, scheint einer schwedischen Untersuchung zufolge u.a. das positive Erleben der Heimwerkertätigkeit einen signifikanten Einfluß zu besitzen; die Höhe der individuellen (Grenz-)Steuerbelastung beeinflußt den Umfang der Haushaltsproduktion offensichtlich kaum (vgl. Flood 1988).

vertreten (weitere 10 Prozent besitzen eine Eigentumswohnung oder haben ein Einfamilienhaus gemietet - vgl. IfF 1984, Bd. 1: 101). Dementsprechend finden sich in der Kategorie der »aktiven« Heimwerker vor allem Bezieher mittlerer Haushaltsnettoeinkommen, denn unter den Haushalten mit niedrigem Einkommen sind Eigenheimbesitzer deutlich unterrepräsentiert (vgl. StBA 1982: 58f.; Braun 1985: 968 und 974); die Haushalte mit höherem Einkommen besitzen wohl häufiger ein eigenes Haus, sind jedoch eher in der finanziellen Lage, »professionelle« Anbieter (dazu gehören auch »Schwarzarbeiter«[38]) für die anfallenden Arbeiten (aber auch für andere DIY-geeignete Tätigkeiten am Auto oder im Haushalt) in Anspruch zu nehmen und ihr häufig »knappes« Freizeitbudget auf andere Aktivitäten (mit ausschließlichem Prozeßnutzen) zu verteilen.[39] Sowohl geringes wie hohes Haushaltseinkommen beeinträchtigen also das DIY-Engagement. Der *typische* »aktive« Heimwerker läßt sich demnach wie folgt beschreiben: Ein männlicher Arbeiter, Angestellter oder Beamter zwischen 25 und 55 Jahren mit Hauptschulabschluß, der mit seiner drei- bis vierköpfigen Familie im eigenen Haus in einer Gemeinde mit unter 5.000 Einwohnern lebt und dessen monatliches Haushaltsnettoeinkommen sich auf rund 3.000 DM beläuft (vgl. Deimer et al. 1983: 25; IfF 1987, Bd. 1: 256 und 262f.; Keller 1984: 172; Merz/Wolff 1988: 211ff.; IfD 1989).

DIY findet nicht nur in erheblichem Umfang im Bau-/Ausbau-/Baunebentätigkeitsbereich statt, sondern auch im (Nutz-)Garten und »rund ums Auto«,[40] und (»aktive«) Heimwerker sind aufgrund ihrer objektiven Lebensumstände und lebensweltlichen Orientierung häufig auch in anderen Feldern der Haushaltspro-

---

38 Für die Bundesrepublik ebenfalls zutreffen dürfte das Resultat einer schwedischen Umfrage, wonach die Angehörigen der oberen Mittelschicht überproportional häufig zu den *Nachfragern* von »schwarzen« Leistungen gehören, Arbeiter (und z.T. auch öffentlich Bedienstete) dagegen überproportional häufig solche Leistungen *anbieten* (vgl. Zetterberg/Frankel 1981: 42; s. auch: Heinze et al. 1986: 150; Helberger/Schwarze 1986: 281ff.).

39 Oder sie ziehen die einträgliche und befriedigende Erwerbsarbeit der mühsamen und dilettantischen Fassadenerneuerung in Eigeninitiative vor, wie beispielsweise ein offensichtlich wohlbestallter FAZ-Journalist, der in launiger Art seine Wochenenderlebnisse schildert (vgl. »Plädoyer für 48-Stunden-Woche. Bericht aus dem Alltag / Gestern und heute«, *Frankfurter Allgemeine Zeitung*, Nr. 208 v. 09.09.1982).

40 Vgl. Glatzer 1984: 369ff. und 1986: 26ff.; Heinze et al. 1986: 103ff.; Niessen/Ollmann 1987: 151ff. - Nach der IfF-Untersuchung (1987, Bd. 1: 203ff.) hat 1985 rd. ein Viertel der erwachsenen Bevölkerung ihr Auto wenigstens ab und zu gewaschen, gepflegt, gewartet oder repariert (häufig bzw. regelmäßig: 10 Prozent). Wartungs- und Reparaturarbeiten, die größere Vorkenntnisse verlangen, erledigen regelmäßig 5 Prozent der Bevölkerung selbst. Dies sind vor allem männliche Arbeiter.

duktion stark engagiert (vgl. IfF 1987, Bd. 1: 270f.; anders: Merz/Wolff 1988: 213f.). Deshalb lassen sich auch eindeutige geschlechtsspezifische »Domänen« ausmachen (vgl. Merz/Wolff 1988: 215) sowie eine stark selektive Verteilung des Umfangs an Eigenleistungen nach Haushaltstypen: Einpersonenhaushalte leisten am wenigsten Eigenarbeit, vollständige Familien am meisten (vgl. Glatzer 1984: 373; IfD 1989; s. auch Pahl 1989: 274f.).

Darüber hinaus finden im Bereich des DIY (bzw. allgemein: der güterbezogenen Leistungen) Austauschprozesse unter Verwandten (durchweg am intensivsten), unter Freunden/Bekannten und Nachbarn (regelmäßig weniger intensiv) in erheblichem und offensichtlich steigendem Umfang statt, und zwar insbesondere bei der Wohnungsrenovierung, beim Umzug, bei der Gartenarbeit und – mit hohem Stundeneinsatz – beim Haus(um)bau (vgl. Deimer et al. 1983: 21 und 27; Glatzer 1986: 34f.; Heinze et al. 1986: 95). Diese DIY-Hilfeleistungen von Personen außerhalb des eigenen Haushalts mögen manchmal nicht eindeutig von der »Schwarzarbeit« abzugrenzen sein (Niessen/Ollmann [1987: 43] sprechen hier von »weicher« Schwarzarbeit); die Verbreitung zeigt aber an, daß insbesondere die »aktiv« Heimwerkenden vielfältige Gelegenheiten haben, mangelnde eigene Kenntnisse durch Ratschläge und Informationen von anderen Heimwerkern auszugleichen oder ihre z.T. umfängliche Heimwerkerausrüstung im Bedarfsfall durch Entleihen entsprechenden Werkzeugs bei Nachbarn, Kollegen usw. zu komplettieren (IfF 1984, Bd. 1: 116 und 118), wenn diese sich nicht ohnehin mit eigener Arbeitsleistung an größeren Vorhaben (z.B. Hausbau, Renovierungen) beteiligen (vgl. Niessen/Ollmann 1987: 165).

Wenngleich die große Mehrheit der Haushalte die Hilfeleistungen, die sie von Verwandten, Freunden/Bekannten und Nachbarn erhalten, als »gerade richtig« bezeichnen, gibt von der verbleibenden Minderheit der kleinere Teil an, »eher zuviel« zu bekommen, der größere Teil jedoch, »eher zu wenig« zu erhalten.[41] Solche Defizite bestehen am häufigsten bei den Alleinlebenden (vgl. Glatzer 1984: 380f.). Auch die Untersuchung von Niessen/Ollmann (1987: 165) weist aus, daß nach Ansicht der Befragten die Austauschbeziehungen in der Nachbarschaft noch weiter intensiviert werden könnten. Dennoch gibt es »keine weitreichenden oder gar unbegrenzten Wünsche nach mehr Unterstützung und Hilfe« (Glatzer 1984: 380). Problematischer scheint eher zu sein, daß gut ein Viertel der Haushalte in keinerlei informelle soziale Netzwerke eingebunden ist. Dies gilt insbesondere für kinderreiche Familien, alleinlebende Ehepaare, Alleinlebende – häufig in Kombination mit höherem Lebensalter, geringem Ein-

41 Gefragt wurde nicht lediglich nach güterbezogenen Hilfen (wie dem DIY), die Frage schloß auch personenbezogene Hilfeleistungen ein (s. dazu Kapitel 5.).

kommensniveau und/oder niedriger Schichtzugehörigkeit (vgl. Glatzer 1984: 382f.; s. dazu auch Kapitel 5.).

Es überrascht nicht, daß diejenigen, die nur »gelegentlich« oder gar nicht heimwerken, das Fehlen eines entsprechenden Arbeitsanfalls am häufigsten als Begründung für ihre Inaktivität angeben (41 Prozent).[42] Deutlich dahinter folgen »mangelnde Kenntnisse« (20 Prozent) und »Alter/Krankheit« (11 Prozent) als Begründung sowie die Ansicht, »entsprechende Arbeiten sollten von Handwerkern ausgeführt werden« (10 Prozent). »Zeitmangel« (5 Prozent) spielt ebenso wie »Desinteresse« (das manchmal fehlende Qualifikation kaschieren mag) nur eine untergeordnete Rolle (5 Prozent). Schließlich profitieren 7 Prozent der Nicht-Heimwerker bzw. 18 Prozent der »gelegentlichen« Heimwerker von den DIY-Leistungen ihrer Bekannten, Nachbarn usw., die anfallende Arbeiten erledigen (vgl. IfF 1984, Bd. 1: 113).

Die zunehmende Zahl von Hausbesitzern, die fortschreitende (Mehrfach-)Ausstattung der Haushalte mit Autos, die weiter steigende Ausstattung der Haushalte mit anderen langlebigen Gebrauchsgütern (soweit dort eine Wartung oder Reparatur durch »Unprofessionelle« möglich ist) und die weiterhin überdurchschnittlich steigenden Preise für Dienstleistungen von Handwerkern und anderen Marktanbietern dürften den *Bedarf* der Haushalte an DIY-Leistungen auch in Zukunft weiter wachsen lassen. Zugleich verbessern sich die *Voraussetzungen*, dem Bedarf in dieser Weise zu entsprechen: Die »Kerngruppe« der Heimwerkenden, die beschäftigten (männlichen) Arbeitnehmer, hat an frei verfügbarer Zeit hinzugewonnen und wird voraussichtlich aufgrund weiterer Arbeitszeitverkürzungen zusätzliche »freie« Zeit erhalten; hinzu kommt eine wachsende Zahl von Frührentnern aufgrund des durchschnittlich gesunkenen Renteneintrittsalters[43] (vgl. IfF 1987, Bd. 1: 273ff.). Weiterhin gibt es einen »Lerneffekt« bei der Ausübung des DIY: Aktiv Heimwerkende gewinnen an Qualifikation und Selbstvertrauen, weiten ihr Tätigkeitsspektrum und den Zeitaufwand für das DIY aus, vervollständigen ihre Ausstattung und werden so noch »aktiver« und zur weiteren »Einsparung« von Ausgaben für Marktangebote instandgesetzt (vgl. IfF 1984, Bd. 2: 5; Niessen/Ollmann 1987: 152, 159f. und 220ff.). Dem kommt entgegen, daß offensichtlich die Anbieter von Materialien

42 Dies dürfte vor allem für Mieter-Haushalte gelten. So wohnten 1982 gut 10,7 Mio. Haushalte (= ca. 45 Prozent aller Haushalte) als Mieter in Gebäuden mit drei und mehr Wohneinheiten (vgl. StBA 1982: 22f.). In diesem Umfeld sind die Gelegenheiten zum DIY überwiegend recht eingeschränkt.

43 Nach Meinung von Keller (1984: 153f.) stellt gerade für ältere Personen das aktive DIY-Engagement eher einen »sinngebenden« Ersatz für die kontraktuelle Arbeit dar. Diese Aussage dürfte aber wohl nur für die »wohlhabenden« und »rüstigen« Rentner gelten.

und Ausrüstungen ihre Produkte immer mehr auf den »nicht-professionellen« Nachfrager ausrichten, entsprechende Vertriebswege aufgebaut haben und durch Ausdehnung des Umsatzvolumens das Produktangebot zu verbilligen in der Lage sind. Auf diese Weise reduziert sich die Produktivitätsdifferenz gegenüber der »professionellen« Leistungserstellung.

Während soweit nur die »strukturellen« Variablen für eine Ausweitung des DIY betrachtet wurden, soll nun ein Blick auf die »konjunkturellen« Einflußgrößen geworfen werden. Ganz deutlich geht aus verschiedenen Untersuchungen hervor (vgl. Jessen et al. 1985; Glatzer 1986; Merz/Wolff 1988), daß die über die alltägliche/routinisierte Hausarbeit hinausgehende Eigenproduktion weder über die verschiedenen Haushaltstypen hinweg nach ihrem Umfang gleichverteilt ist, noch in der Weise eine Ungleichverteilung besteht, daß tendenziell die unterschiedliche Wohlfahrtposition aufgrund der Verteilung der verfügbaren Haushaltseinkommen ausgeglichen wird: »Eigenarbeit (ist) eher eine Domäne des Mittelstands« (Merz/Wolff 1988: 219).[44] Die Frage ist hier, ob eine Ausweitung der Haushaltsproduktion zur Substitution effektiver Marktnachfrage stattfindet, wenn die verfügbaren Haushaltseinkommen *rückläufig* sind. Entgegen weitverbreiteten Annahmen (vgl. Priemus 1979: 34 m.w.N.) ist aber die »Pufferfunktion« des Haushalts sehr beschränkt: So zeigt eine niederländische Untersuchung, daß die privaten Haushalte in Zeiten ökonomischer Rezession (notgedrungen) ihre Ausgaben einschränken (vor allem bei den dauerhaften Konsumgütern[45]), ohne jedoch eine Kompensation durch die Ausweitung ihrer Haushaltsproduktion zustande zu bringen (vgl. Ours 1986: 430).

Auch die Daten des »Wohlfahrtssurveys« und der »Nebentätigkeitsumfrage« indizieren, daß Rentner, Erwerbsunfähige und Arbeitslose ihr regelmäßig niedrigeres Einkommen nicht durch eine stärkere Einbindung in informelle Netzwerke wettzumachen in der Lage sind. Sie sind hier nach wie vor nicht überproportional engagiert (vgl. Glatzer 1986: 34 und 36; Merz/Wolff 1988: 211f.). Dies bestätigt tendenziell die Feststellungen Pahls (1988; 1989), daß mit dem alters- oder nachfragebedingten (vorübergehenden) Ausscheiden aus der Er-

---

44 Auch für die Beteiligung an Selbsthilfegruppen und die Mitarbeit in ehrenamtlichen Einrichtungen besteht dieser »Mittelschicht-bias« (vgl. Pfaff/Deimer 1989: 290ff.).

45 Für sich allein genommen bedeutet die in der Bundesrepublik ebenfalls zu beobachtende Tatsache, daß die Käufe langlebiger Gebrauchsgüter stark auf konjunkturell bedingte tatsächliche (oder erwartete) Einkommensänderungen reagieren (vgl. Schäfer 1985: 117f.; Döhrn 1988: 69 und 72), noch keinen *Verlust* an Wohlfahrt. Denn bei dem durchschnittlich hohen Ausstattungsgrad und Anteil langlebiger Gebrauchsgüter am privaten Verbrauch können Ersatzinvestitionen, die vielfach durch psychischen und keineswegs physischen Verschleiß motiviert sind, und geplante Zusatzinvestionen zeitlich hinausgeschoben werden, um den Verbrauch einem aktuell rückläufigen Realeinkommen anzupassen.

werbstätigkeit nicht nur regelmäßig das verfügbare Haushaltseinkommen absinkt, sondern darüber hinaus auch noch der Arbeitsplatz als wichtiger Knotenpunkt für Kontakte und als Umschlagplatz des informellen Bedarfsausgleichs verlorengeht (einschließlich der Möglichkeiten zur Nutzung betriebseigener Geräte oder Transportmittel und zur - mißbräuchlichen - Verwendung bezahlter Arbeitszeit für eigene Zwecke). Da außerdem das Risiko des Arbeitsplatzverlustes bei unqualifizierten und entsprechend gering verdienenden Arbeitnehmern besonders groß ist, mangelt es überdies in Haushalten von Arbeitlosen vielfach sowohl an verwertbaren Qualifikationen als auch am Besitz von Eigenheimen oder effizienten und umfänglichen Haushaltstechnologien, um dann wenigstens ausschließlich mit der Leistungskapazität des eigenen Haushalts auf eine »sparsamere« Versorgungsweise überzugehen und so das Wohlfahrtsniveau aufrechtzuerhalten:

»Employment and self-provisioning go together, rather than one being a substitute for another. ... Those most committed to the labour market are also the most committed to using their own labour in their own time for their own purposes. ... Self-provisioning and other forms of informal work are not available as survival strategies for the poor and the unemployed« (Pahl 1989: 275, 278 und 279; vgl. auch Jessen et al. 1985: 414ff. und 1988: 292ff.; Mevissen/Renooy 1987).

Diese geringe Substitutionsfähigkeit der privaten Haushalte mag auch damit zusammenhängen, daß der Umfang der Haushaltsproduktion weniger - wenngleich für verschiedene Haushaltstypen in unterschiedlichem Maße - von der ökonomischen Notwendigkeit als vielmehr von bestimmten Lebensentwürfen oder Lebensstilen bestimmt ist. So zeigt die Untersuchung des IfF (1984, Bd. 1: 117), daß neben dem Motiv, »Geld zu sparen« (98 Prozent), bei den »aktiven« und »gelegentlichen« Heimwerkern fast immer auch Begründungen, wie »macht auch Spaß« (79 Prozent), »man kann selber etwas schaffen« (84 Prozent) oder »die eigene Arbeit ist qualitativ besser« (41 Prozent), präsent waren. Der darin aufscheinende Wunsch nach Kreativität, Individualität, Ausgleich zur Berufsarbeit bzw. dort erfahrenen Sinndefiziten (z.B. durch das Entschwinden ganzheitlicher Tätigkeiten), Gemeinschaftserleben oder nach Erfahrungen beim Meistern von Mißerfolgsrisiken und entsprechendem »Produzentenstolz« verweist darauf, daß gerade beim DIY vielfach der Prozeßnutzen (mindestens) gleichrangig neben dem Produktnutzen stehen mag und somit den Umfang sowie die Tätigkeitsfelder der Haushaltsproduktion beeinflußt - unabhängig vom (potentiellen) Produktionswert (vgl. ebd.: 97ff.; IfF 1987, Bd. 1: 148f., 256 und 275;

Niessen/Ollmann 1987: 166f.; Pahl 1989: 271f.).[46] Für dieses Moment im Entscheidungskalkül der Haushalte spricht z.B., daß nach den Ergebnissen der Einkommens- und Verbrauchsstichprobe von 1983 das knappe Viertel der privaten Haushalte, das einen Nutzgarten bearbeitet, im Durchschnitt *weniger* damit erwirtschaftet, als man für den Garten ausgabewirksam aufwendet (vgl. Hertel 1986). Die an der »Qualität« der Nahrungsmittel oder der »Betätigung an der frischen Luft« orientierte Nutzgartenbewirtschaftung ist nur ein Feld »neo-traditionaler« Haushaltsproduktion, in dem *expressive* und nicht so sehr *instrumentelle* Funktionen (wie vor allem: Ausgabenersparnis) im Vordergrund stehen und die gerade deshalb mit hohen immateriellen Wohlfahrtserträgen verbunden sind. Die (Re-)Integration solcher Produktionen (z.B. Brotbacken, Einkochen, Selberbauen mit natürlichen Materialien) in das Aktivitätenprogramm bestimmter (Mittelschicht-)Haushalte steht im unmittelbaren Bezug zu Wertwandelsphänomenen und sind Manifestationen eines spezifischen Lebensstils, der in den letzten Jahren an Bedeutung gewonnen hat (vgl. Uusitalo 1983; s. auch oben, S. 8).

Zwischenergebnis

Zusammenfassend kann davon ausgegangen werden, daß die Haushalte im Rahmen ihrer Gelegenheitsstruktur die Chancen zur wohlfahrtsproduktiven Verwendung ihrer »frei« verfügbaren Zeitkontingente voll ausschöpfen; dabei ist es zunächst gleichgültig, ob die wohlfahrtssteigernde Potenz dominant im »Tun« (also im *Prozeß*nutzen) liegt oder im »Ergebnis«, also dem wohlfahrtsrelevanten *Produkt* der Haushaltsarbeit. Diese Gelegenheitsstruktur entwickelt sich für die einzelnen Haushaltstypen sehr unterschiedlich und in einer Weise, daß sich die Effekte nicht einfach »saldieren« lassen. Eindeutig sind Prozesse auszumachen,

46 Hitzler/Honer (1988) machten in ihrer Untersuchung über die »Do-It-Yourself-Kultur« drei Typen von Heimwerkern aus, für die in je besonderer Weise das Selbermachen einen Beitrag zur (Selbst-)»Inszenierung des Alltags« (ebd.: 273) leistet: Für den *Romantiker* steht die manuelle Perfektion und die Originalität seiner »Kreation« im Vordergrund; hoher Zeitaufwand und Ausgaben für teure Maschinen stellen für ihn sinnvolle Investitionen dar. Dominantes Motiv des *Pragmatikers* ist die Kostenersparnis, um seine (steigenden) Ambitionen an das Wohn-Niveau realisieren zu können. »Selber machen« als private Weltanschauung, die sich in permanenter Improvisation und Gestaltung des Heims als »ewige Baustelle« stilisiert und stabilisiert, kennzeichnet den *Ideologen*, den »echten Heimwerker« (vgl. dazu auch Honer/Unseld 1988).

Übersicht 2: *Der Zusammenhang von Wohlfahrtsproduktivität und Verfügbarkeit von Zeit*

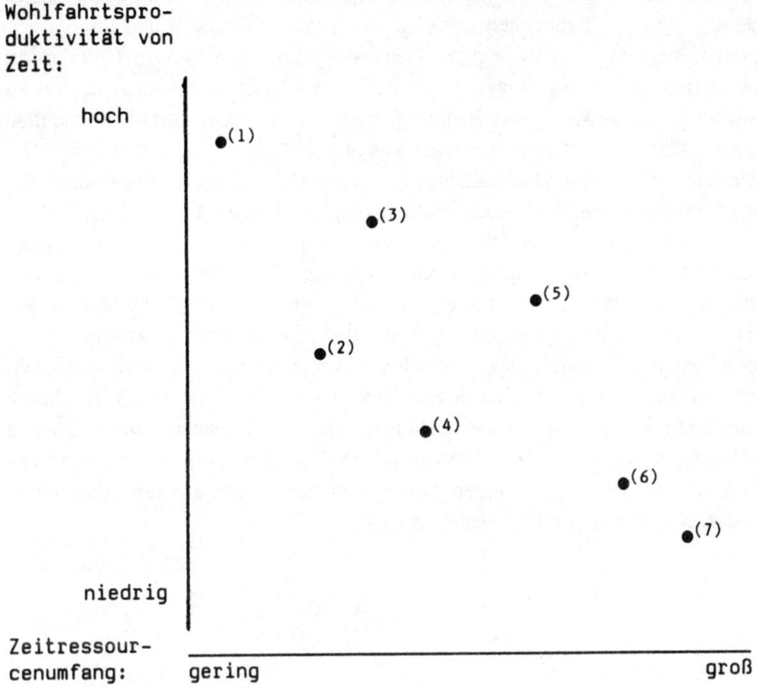

(1) = HHtyp IIIb mit hohem sozioökonomischen Status (SES)
(2) = HHtyp IIIb mit niedrigem SES und »unsozialer« Arbeitszeitgestaltung (z.B. Schichtarbeit eines Ehepartners)
(3) = HHtyp I (mit durchschnittlichem Einkommen)
(4) = HHtyp IIb mit niedrigem SES
(5) = HHtyp IIa mit durchschnittlichem SES
(6) = HHtyp IV (Arbeitslosenhaushalt)
(7) = HHtyp V (Rentnerhaushalt mit niedrigem Einkommen und/oder gesundheitlichen Einschränkungen)

die die Wohlfahrtsproduktivität der Zeitressource senken, z.B. aufgrund von Veränderungen der Arbeitszeitstruktur oder durch die Verringerung der Haushaltsgröße. Ebenso sind Tendenzen erkennbar, die den wohlfahrtsproduktiven Einsatz von »Zeit«, die grundsätzlich dem »Geld« unterlegen ist, verbessern. Dies betrifft vor allem Möglichkeiten zur Geldausgabenersparnis durch das DIY. Offenkundig aber zeitigt der selektive Zugang zum DIY und zu anderen

Formen der Selbstversorgung sozial *polarisierende* Tendenzen. Denn unzureichende Geldressourcen können regelmäßig *nicht* durch eine verstärkte produktive Nutzung überschüssiger Zeitressourcen kompensiert werden. Der (Nicht-)Zugang zu außeralltäglicher Haushaltsproduktion stellt somit *ein* Element kumulativer sozialer Ungleichheit dar (vgl. auch Pahl 1989: 280 und 284f.).

In der Übersicht 2 sind einige Haushaltstypen nach ihrem Umfang an »freien« Zeitressourcen (vgl. dazu Kapitel 2.) sowie nach den Gelegenheiten zu einer wohlfahrtsproduktive Verwendung ihrer mehr oder minder reichlich verfügbaren Zeit verortet, um die eben getroffene Aussage zu illustrieren. Die Lokalisierung der sieben Haushaltstypen entlang der beiden Achsen kann die jeweilige Beziehung nur grob abbilden und mag im Einzelfall sicherlich diskussionswürdig sein; es geht jedoch darum zu zeigen, daß der schlichte Umfang der frei verfügbaren Zeit noch nicht sehr viel über ihre »Brauchbarkeit« aussagt und sich die Haushaltskonstellationen für die Mitglieder im Zeitablauf verändern. Denn die Zugehörigkeit zu einer der hier beispielhaft gebildeten Haushaltstypen entspricht einer biographischen Momentaufnahme, und mit dem Übergang zu einem anderen Typ ändern sich der Umfang der frei verfügbaren Zeit, die Bedarfe für Eigenarbeitsleistungen und die Chancen, diese Bedarfe durch Haushaltsproduktion zu befriedigen. Die soziale Verteilung der Handlungschancen und der unbefriedigten Bedarfe an Leistungen aus der Eigenarbeit wird in den Kapiteln 5. und 6. weiter vertieft.

4. Zunahme prekärer Einkommenslagen?

Die monetäre Ausstattung der Haushalte setzt sich regelmäßig aus mehreren Komponenten zusammen: aus den unmittelbaren Erwerbseinkünften der Haushaltsmitglieder sowie ergänzenden Leistungen im Zusammenhang mit dem Arbeitsverhältnis (z.B. betriebliche Altersversorgung), aus Leistungen der Sozialversicherungen und anderen öffentlichen Transfers, aus Vermögensauflösungen und Vermögenserträgen aufgrund eigener Sparleistungen in der Vergangenheit sowie aus Zuflüssen durch den intergenerationellen Übergang von Geldvermögen und anderen geldwerten Ressourcen. Das auf diese Weise gebildetete monetäre »Sicherheitsnetz« der privaten Haushalte wurde nach dem 2. Weltkrieg beträchtlich angehoben, und diese in der Wirtschaftsgeschichte unvergleichliche Wohlstandssteigerung akzelerierte gesellschaftliche Individualisierungs- und Differenzierungsprozesse (vgl. Beck 1986: 116 und 122ff.). Betrachtet man z.B. die Entwicklung der Arbeitseinkommen und die abgeleiteten Alterseinkommen, dann zeigt sich ein Anstieg der jährlichen Nettorealverdienste je beschäftigten Arbeitnehmer zwischen 1950 und 1987 um 230 Prozent (vgl. Statistisches Taschenbuch 1988: Tab. 1.15). Von diesem Realeinkommensanstieg blieben die Rentner nicht nur nicht ausgeschlossen, sie erfuhren sogar eine relative Positionsverbesserung: 1988 beträgt das Rentenniveau für den Durchschnittsrentner mit 40 Versicherungsjahren 64,2 Prozent des Nettoeinkommens eines vergleichbaren Arbeitnehmers. 1957 hatte es noch bei 59,3 Prozent gelegen (vgl. ebd.: Tab. 7.11). Wie im folgenden anhand der Konsequenzen des Wachstums der Haushalte mit mehreren Einkommensbeziehern (Typ IIIa/b) und den Folgen der vergangenen und andauernden Bildung von Geld- und Sachvermögen gezeigt werden wird, besteht durchaus die Erwartung, daß dieses »Sicherheitsnetz« robust genug sein wird, für den größten Teil der privaten Haushalte eine zureichende monetäre Ausstattung über den gesamten Lebenslauf hinweg sicherzustellen. Ohne Berücksichtigung der Ergebnisse des Kapitels 5. ergäbe sich für diese Haushalte nur wenig Veranlassung zum *zusätzlichen* Engagement in neuartigen Systemen des Bedarfsausgleichs, um das Wohlfahrtsniveau zu stabilisieren.

Auf der anderen Seite – und darauf bezieht sich die Ausgangshypothese – breiten sich monetär prekäre Lebensverhältnisse aus, und wahrscheinlich noch weitaus größer ist die Zahl der Haushalte, die sich der Höhe und Stetigkeit ihres Einkommensstroms in der Zukunft nicht sicher sein können. Versorgungsrelevante Risiken, die zu zeitweiser oder dauerhafter Einkommensinsuffizienz führen können, sind u.a. Arbeitslosigkeit, (chronische) Erkrankungen, Invalidität oder Ehescheidungen. Soziologisch hängen prekäre Einkommenlagen mit *mißlungenen Statuspassagen* (z.B. devianter Ausgang von Adoleszenzkrisen, gescheiterte Ausbildungskarrieren, mißlungener Eintritt in das Beschäftigungs- bzw. Familiensystem) oder mit *manifesten Statusverlusten* (Verlust des Arbeitsplatzes, der physischen und psychischen Gesundheit, des Ehepartners, der Kreditfähigkeit - auch durch eigenes wirtschaftliches »Fehlverhalten« - usw.) zusammen. Zwar müssen diese Risiken als singuläre Ereignisse nicht oder nicht dauerhaft eine monetäre Unterversorgung des Haushalts bewirken, doch ist aufgrund von Verkettungen die Wahrscheinlichkeit irreversibler Abstiegskarrieren hoch. Es ist kaum möglich, mit dem verfügbaren Datenmaterial das gegenwärtige Ausmaß und die künftige Entwicklung monetär prekärer Lebensverhältnisse einigermaßen exakt zu quantifizieren und die entsprechenden Werte mit den Haushalten zu saldieren, die *nicht* durch die Maschen der familialen, wirtschaftlichen und wohlfahrtsstaatlichen Sicherheitsnetze hindurchfallen und umgekehrt sogar erwarten können, daß sich ihre monetäre Ausstattung verbessert.

Ebenso ist es nicht möglich, vertiefend auf den in der Wirtschaftspsychologie wohlbekannten Sachverhalt einzugehen, daß die (wahrgenommene) *relative Position* in der Einkommenshierarchie die (Lebens-)Zufriedenheit maßgeblich beeinflußt (vgl. dazu Glatzer 1988) und insbesondere das *relative Zurückbleiben* des eigenen Haushaltseinkommens zu Enttäuschungen führt und damit wohlfahrtsrelevant ist, wenn allgemein bzw. in Referenzhaushalten eine Aufwärtsentwicklung der Einkommen stattfindet. D.h. nicht nur der (zeitweise) *absolute Abfall* des Einkommens unter ein bestimmtes Niveau mindert die Wohlfahrt (vgl. Scitovsky 1977; Hirschman 1981). Solche Wohlfahrtsverluste sollten z.B. dann zu beobachten sein, wenn mehr und mehr Erwerbstätigen-Haushalte durch ein »zweites« Einkommen ihr Wohlstandsniveau erhöhen konnten, es einem selbst aus verschiedenen Gründen jedoch unmöglich ist, dem gleichzutun und vom HHtyp IIa/b nach HHtyp IIIa/b zu wechseln (s. dazu das nachfolgende Unterkapitel).

Es ist aber offensichtlich nicht allein die relative Positionsverbesserung, die »glücklicher« macht, darüberhinaus ist die Erfahrung von (stetem) »Wachstum« entscheidend für das Wohlfahrtserleben. Die z.T. auf empirische/experimentelle Untersuchungen gestützten Überlegungen von Scitovsky (1977) dazu lassen sich wie folgt resümieren: Ein steigendes Einkommen ist besser als ein konstant hohes (vgl. ebd.: 120). Seine Unterscheidung von »pleasure« und »(dis-)comfort« (vgl. ebd.: insbes. 45ff., 108ff. und 118ff.) verdeutlicht diese Aussage. »Pleasure« ist die positive Erfahrung, wenn durch Erreichen bestimmter Konsumziele ein »discomfort«-Zustand von einem des »comfort« abgelöst wird. Was aber einmal »pleasure« auslöste, entwickelt sich sehr rasch als »comfort« zu einem selbstverständlichen Bestandteil der Lebenshaltung. Durch Gewöhnung schwächt sich die Genußempfindung ab, aber wieder ohne diese Annehmlichkeiten auskommen zu müssen, verursacht »discomfort«. Damit dieser Zustand nicht eintritt, ist (mindestens) ein konstantes Einkommen vonnöten. Das Streben ist jedoch auf den Zugang zu Objekten gerichtet, die erneut »pleasure« generieren und »discomfort« dadurch abbauen, daß mit dem Konsummuster von Referenzgruppen gleichgezogen werden kann oder sonstwie (z.B. durch Werbung) in den Begehrskreis getretene Güter konsumiert werden können. Dazu reicht ein stagnierendes Einkommen regelmäßig nicht aus. Auch wenn sich die nachfolgende Analyse weitestgehend auf die Frage einer Zunahme »prekärer Einkommensverhältnisse«, also Lebenslagen in der Nähe oder unterhalb der Armutsgrenze, beschränkt, mögen die vorgenannten Überlegungen doch andeuten, daß Veränderungen des Niveaus und der Verteilung von Geldressourcen auch »oberhalb« davon wohlfahrtsrelevant sind.

Die steigende Erwerbstätigkeit verheirateter Frauen und monetäre Statussicherung von Haushalten

Zwischen 1970 und 1987 stiegen die Nettorealverdienste der beschäftigten Arbeitnehmer um 21,6 Prozent (die ganz großen Steigerungsraten lagen in den vorangegangenen zwei Jahrzehnten - vgl. Statistisches Taschenbuch 1988: Tab. 1.15). Die durchschnittlich verfügbaren Einkommen in Arbeitnehmerhaushalten hingegen wuchsen im gleichen Zeitraum deutlich stärker, nämlich um 30,2 Prozent, und im Durchschnitt nahm das verfügbare Einkommen je Haushaltsangehörigen in Arbeitnehmerhaushalten gar um 54,3 Prozent zu (jeweils deflationiert um den Preisindex für die Lebenshaltung - vgl. Müller-Krumholz 1988: 502; Statistisches Taschenbuch 1988: Tab. 6.9). Diese ungleichmäßige Entwicklung hat ganz wesentlich ihre Ursachen in der gestiegenen Erwerbsbeteiligung verheirateter Frauen und der Verkleinerung der Haushalte.

Sowohl die Reduzierung der Haushaltsgröße als auch die Berufsarbeit der Ehefrauen sind wesentliche Momente der Individualisierung von Lebenswegen und Lebenslagen (vgl. Beck 1986: 161ff.; Zapf et al. 1987b: 16ff.). Welche(s) Motiv(e) nun im Einzelfall für die weiter andauernde Entwicklung verantwortlich ist/sind, daß jede nachrückende Alterskohorte von Frauen im Alter zwischen etwa 20 und gut 50 Jahren eine höhere Erwerbsbeteiligung aufweist als die vorangegangene und dementsprechend eine Verschiebung der Familienhaushalte vom Typ IIa/b nach IIIa/b stattfindet, sei hier nicht im Detail untersucht (vgl. dazu u.a. IfD 1985: 114ff.; Brinkmann et al. 1988: 733; Erler et al. 1988; Blossfeld/Huinink 1989). Die jeweils herausragenden Motive für die Beteiligung am Erwerbsgeschehen lassen sich unter folgenden Überschriften finden: die *veränderte Frauenbiographie* (weniger Kinder, längere Phase nachelterlicher Gefährtenschaft, bessere Ausbildung/Verdienstchancen, größere Instabilität von Ehen usw.), das Bedürfnis nach *»sozialer Vollwertigkeit«* (wegen des defizitären Status eines dauerhaften Hausfrauendaseins als Ausdruck eines veränderten weiblichen Rollenbildes, Unabhängigkeit sowie eine Stärkung der Machtposition innerhalb der Familie aufgrund eines eigenen Einkommens bzw. einer eigenen Altersversorgung, Entkoppelung vom sozialen Status des Ehemanns, Anschluß an erweiterte Kommunikationsbeziehungen usw.) und der *wahrgenommene Einkommensbedarf des Haushalts.*

In jedem Fall aber hat die im Lebenslauf der verheirateten Frauen längere und dauerhaftere Beteiligung an der Erwerbssphäre bedeutende Konsequenzen für das *aktuelle* Niveau und die soziale Verteilung der verfügbaren Geldressourcen (nach Haushaltstypen) sowie auch für die *erwartbare* Verfügbarkeit dieser Wohlfahrtsressource. Denn das Nettoeinkommen in Arbeitnehmerhaushalten mit erwerbstätiger Ehefrau liegt durchschnittlich höher als in den Arbeitnehmerhaushalten mit nicht-erwerbstätiger Ehefrau: 1978 wurde der Modalwert (die am stärksten besetzte Einkommensklasse) um rd. 1.000 DM angehoben, trug doch die erwerbstätige Ehefrau (über alle Einkommensklassen hinweg) durchschnittlich etwa 30 Prozent zum Haushaltsnettoeinkommen bei (vgl. Freitäger 1986: 24ff.). Daß der Beitrag der erwerbstätigen Ehefrauen nicht höher ausfiel (und auch jetzt wohl nicht größer ist), ist auf ihre regelmäßig niedrigere Berufsqualifikation (bzw. ihren unterwertigen Einsatz), fortbestehende Praktiken der Lohndiskriminierung, ganz wesentlich aber auf den hohen Teilzeitbeschäftigungsanteil zurückzuführen (1984 war gut die Hälfte der verheiratet zusammenlebenden Arbeitnehmerinnen teilzeitbeschäftigt oder geringfügig/unregelmäßig teilzeitbeschäftigt - vgl. Büchtemann/Schupp 1986: 45).

Ob die gestiegene Erwerbsquote verheirateter Frauen für die seit 1970 *insgesamt* leicht reduzierte Ungleichverteilung der Einkommen der privaten Haushalte (ohne Berücksichtigung der Größenstrukturveränderungen) verantwortlich ist, läßt sich nicht schlüssig beantworten. Sie hat jedoch sowohl zu einer Angleichung wie zu einer Differenzierung der Einkommen bei den Ehepaar-Haushalten im erwerbsfähigen Alter geführt. Eine *Angleichung* ergibt sich daraus, daß mit steigendem Nettoeinkommen des Ehemanns die Erwerbsbeteiligung der Ehefrau zurückgeht - sowohl im Hinblick auf die Erwerbsquote (s. Tab. 2) als auch hinsichtlich der Häufigkeit der Vollzeitbeschäftigung (gegenüber der Teilzeitbeschäftigung - vgl. Schwarz 1982: 211; Brinkmann et al.

1988: 731f.). Dieser negative Zusammenhang gilt auch bei Berücksichtigung der Zahl und des Alters der im Familienhaushalt lebenden Kinder. Man kann deshalb gewiß annehmen, daß bei niedrigem Verdienst der Ehemänner der Einkommensbedarf des Haushalts die relativ höhere Erwerbsbeteiligung der Ehefrauen motiviert. So müßte jede vierte Familie in Nordrhein-Westfalen, in der die Ehefrau erwerbstätig ist, ohne ihren Verdienst mit einem Einkommen unterhalb des Existenzminimums zurechtkommen (vgl. Simm 1989: 36).

Tabelle 2: *Erwerbsquoten verheirateter Frauen nach Nettoeinkommen des erwerbstätigen Ehemanns (1986)*

	»Doppelverdiener«-Quoten bei Ehepaaren mit erwerbstätigem Ehemann		
Nettoeinkommen des Ehemanns (in DM/Monat)	zusammen	*ohne* Kind(er) unter 18 Jahren	*mit* Kind(ern) unter 18 Jahren
< 600	75,0 %	84,6 %	63,6 %
600 - 1.200	63,8 %	66,1 %	61,1 %
1.200 - 1.400	60,2 %	66,1 %	52,3 %
1.400 - 1.800	57,2 %	64,7 %	48,1 %
1.800 - 2.500	46,1 %	54,7 %	39,5 %
2.500 - 3.000	42,2 %	52,7 %	35,5 %
3.000 - 4.000	41,8 %	49,1 %	37,1 %
4.000 - 5.000	39,5 %	45,2 %	35,8 %
5.000 + >	43,0 %	46,2 %	40,4 %
alle mit Einkommensangabe:	46,8 %	55,3 %	40,1 %

[berechnet nach: StBA 1986: 132/138 und 127]

Die (Nicht-)Erwerbsbeteiligung der Ehefrauen führt zu einer *Differenzierung* dadurch, daß in kinderlosen Haushalten mit erwerbstätigem Ehemann die Erwerbsquote der Ehefrau auf jeder Einkommensstufe immer höher liegt als in Haushalten mit Kindern unter 18 Jahren (s. Tab. 2 und Tab. 1 auf S. 16), sich also das regelmäßig höhere Haushaltseinkommen auf weniger, d.h. nur zwei Mitglieder verteilt, während Familien mit einem (oder mehreren) noch nicht schulpflichtigen Kind(ern) häufiger nur auf ein Erwerbseinkommen zurückgreifen können.[47] Haushalte mit Kindern sind gegenüber kinderlosen Familien nochmals benachteiligt, weil sie sich regelmäßig in einer biographischen Situation befinden, wo der Ehemann bzw. beide Ehepartner noch nicht das Verdienstmaximum ihrer Erwerbskarriere erreicht haben (vgl. Cornelius 1988; Berger-Schmitt 1986b: 166ff.; Familienbericht 1986: 42). Leistungen im Rahmen des Familienlastenausgleichs (Kindergeld, Steuerfreibeträge) gleichen die zusätzlichen materiellen Belastungen der (jungen) Familien mit Kindern bei weitem nicht aus. Das führt zu dem insbesondere in der Armutsforschung altbekannten Phänomen,

»daß die durch die Einkommenslage weitgehend festgelegten Bedarfsdeckungsmöglichkeiten von Familien in deren Lebensverlauf nur sehr ungenügend abgestimmt sind mit dem familienzyklischen Verlauf materieller Bedürfnisse« (Cornelius 1988: 249; vgl. auch: O'Higgins et al. 1988).

Regelmäßig sind also nicht nur - wie am Ende des 2. Kapitels festgestellt - die nach Haushaltskonstellationen unterschiedlich umfangreichen »freien« *Zeit*ressourcen mit den je spezifischen Bedarfen für (vermehrte) Haushaltsproduktion und andere Verwendungen nicht in Übereinstimmung. Auch die Ausstattung mit *Geld*ressourcen ist (bei jeweils gegebenem Lebenseinkommensniveau) nicht kongruent mit dem familienzyklisch variierenden Bedarf, und vermutlich lassen sich diese beiden Inkongruenzen nur selten dadurch gegenseitig aufheben, daß in bestimmten Situationen entweder mehr Zeit für die Haushaltsproduktion einsetzbar ist oder mehr Geldverausgabung zur »Zeitersparnis« stattfinden kann. Die familienzyklische Inkongruenz von Geldressourcen und -bedarf kann aber nicht als Argument dafür herhalten, daß prekäre Einkommenslagen tendenziell zugenommen haben. In jedem Fall kann aber gelten, daß die Haushalte des Typs IIIa (und mit Abstrichen auch die Einpersonen-Haushalte von Erwerbstätigen) mit ihrem durchschnittlich höheren Pro-Kopf-Einkommen die *Konsumnorm* bei einer zunehmend »geldabhängigeren« Lebensweise aller Haushalte setzen (s. Kapitel 5.).

In welcher Größenordnung das Bemühen der Haushalte, die relative Einkommensposition zu halten bzw. zu verbessern, die Erwerbstätigkeit verheirateter Frauen tatsächlich stimuliert hat, läßt sich kaum exakt bestimmen. Gewiß hat aber ihre gestiegene Erwerbsbeteiligung das Niveau der Arbeitslosigkeit deutlich beeinflußt: So haben zwischen 1970 und 1986 an dem um 12,4 Prozent

---

47 Ob der Angleichungs- oder der Differenzierungseffekt bei den Haushaltseinkommen überwiegt, ist nicht eindeutig. Abschätzungen, die in den Niederlanden (vgl. de Kam et al. 1982; Bakker 1987), in Großbritannien (vgl. Bonney 1988) und den USA durchgeführt wurden (vgl. Treas 1987), gelangen zu dem Ergebnis, daß die Einkommensungleichheit durch die (weiter steigende) Erwerbstätigkeit verheirateter Frauen *zunimmt* (anders für die Niederlande: Grubben 1987).

gesunkenen Volumen der von *Arbeitnehmern* insgesamt geleisteten Arbeitsstunden die Frauen ihren Anteil von 31,5 auf 35,6 Prozent gesteigert. Das ist ein Zuwachs von 13 Prozent (berechnet nach Kohler/Reyher 1988: 64 [Übersicht 13]). Dennoch waren 1986 - und das unterstreicht die gewachsene Bedeutung des Frauenerwerbsangebots - 1,03 Mio. Frauen als Arbeitslose registriert (1970: 56.000 - vgl. Statistisches Taschenbuch 1988: Tab. 2.11). *Rein rechnerisch* und ohne Berücksichtigung der regionalen und qualifikatorischen Diskrepanzen heißt das: Hätten die Frauen in diesem Zeitraum ihren Arbeitsstundenanteil *nicht* vergrößert, wären 1986 statt 13,8 Mio. Männer (vgl. Kohler/Reyher 1988: 203) insgesamt 14,7 Mio. Männer beschäftigt gewesen, also etwa 900.000 mehr, und ihre Arbeitslosenquote hätte dann bei nur ca. 300.000 männlichen Arbeitslosen gut 2 Prozent betragen. Bei einer sogar den Stand von 1970 übersteigenden Zahl von tatsächlich erwerbstätigen Personen im Jahr 1987 (26,9 Mio. zu 26,5 Mio. - vgl. Würzberger/Wedel 1988: 835) hat also das zusätzliche Erwerbsangebot der verheirateten Frauen zu erheblichen Verwerfungen auf dem Arbeitsmarkt mit entsprechenden Auswirkungen auf die aktuelle und künftige Verfügbarkeit über die Ressource »Geld« bei annähernd *allen* Haushaltstypen geführt. Wachsende Einkommenssicherheit der Haushalte mit mehreren Erwerbstätigen trägt so zur wachsenden generellen Beschäftigungs- und Einkommens*un*sicherheit bei.[48]

Der Rückgang der Zahl der Arbeitsplätze ab 1973 (mit Unterbrechungen bis Ende 1983) hat neben dem Anstieg der registrierten Arbeitslosigkeit zu einer mehr oder minder freiwilligen Abdrängung älterer (männlicher) Arbeitskräfte vom Arbeitsmarkt geführt. Die Erwerbsquote der Männer in der Altersklasse von 55 - 64 Jahren ging zwischen 1970 und 1986 von 80,1 auf 55,5 Prozent zurück (vgl. OECD 1988: 484f.; s. auch oben, S. 22). Dies bedeutet für die gewachsene Zahl von »Frührentner«-Haushalten z.T. eine nachhaltig verschlechterte Einkommensposition aufgrund der geringeren Versicherungsjahre (vgl. auch Stadié 1987: 31ff.).

Weniger dramatisch für die aktuelle Einkommenssituation des Familienhaushalts ist es, wenn der angestrebte Übergang zum Haushaltstyp IIIa/b zeitweise mißlingt, also die Ehefrau wegen mangelnder Arbeitskräftenachfrage in der sog. »Stillen Reserve« verbleiben muß oder sie arbeitslos wird, während der Ehemann jedoch kontinuierlich erwerbstätig bleibt. Nach den Ergebnissen des Sozio-ökonomischen Panels von 1984 ist in Ehepaar-Haushalten relativ häufiger

48 Selbstverständlich sind dafür neben der Erwerbsverhaltensänderung verheirateter Frauen auch andere Einflußfaktoren, die das Erwerbspersonenpotential erhöhten, verantwortlich, so die Zuwanderung von deutschstämmigen Aussiedlern und Ausländern, das Hineinwachsen der »zweiten« und »dritten« Ausländergeneration ins erwerbsfähige Alter und (abnehmend) altersaufbaubedingte Komponenten (vgl. Bach et al. 1988).

der (weibliche) Ehepartner arbeitslos als der (männliche) Haushaltsvorstand (vgl. Zapf et al. 1987b: 91f.); nach den Ergebnissen des Mikrozensus 1987 weisen - nach Familienstand betrachtet - die verheirateten Männer mit 5,4 Prozent die deutlich niedrigste Erwerbslosenquote auf, was zum Großteil auf die Fortgeltung traditioneller Selektionskriterien von Management und Arbeitnehmervertretungen bei anstehenden Entlassungen zurückzuführen sein dürfte. Verheiratete Frauen waren mit 10,9 Prozent doppelt so häufig erwerbslos (vgl. Mayer 1988: 853f.). Die Einkommenssituation ist in den Ehepaar-Haushalten, in denen ausschließlich die Ehefrau erwerbslos ist (oder ein im Elternhaushalt lebendes Kind), aber wesentlich günstiger als in den Fällen, wo der männliche Hauptverdiener erwerbslos wird (vgl. ebd.: 859ff.). Gleichwohl hat der (temporäre) Ausfall des Erwerbseinkommens der Ehefrau eine Reduzierung des Haushaltseinkommens gegenüber dem von Ehepaaren mit zwei Erwerbseinkommen zur Folge (durchschnittlich um etwa ein Viertel), die jeden sechsten dieser Haushalte mindestens in die Nähe der Armutsgrenze bringt (vgl. Zapf et al. 1987b: 93f.).[49]

Gravierende Einkommensverschlechterungen stellen sich jedoch regelmäßig ein, wenn der *Haushaltsvorstand* arbeitslos wird. Unter den Mehrpersonen-Haushalten tritt dieser Fall bei den Ehepaar-Haushalten weit weniger häufig auf als bei (nicht-ehelichen) Lebensgemeinschaften und Haushalten von Alleinerziehenden. In Ein-Personen-Haushalten (die ausschließlich aus dem Haushaltsvorstand bestehen) lag 1984 die Arbeitslosenquote sogar doppelt so hoch wie im Durchschnitt (vgl. Zapf et al. 1987b: 91f.).[50] Die zahlenmäßig stark gewachsene Gruppe der Arbeitslosenhaushalte (HHtyp IV - s.o., S. 15) mußte einmal Einkommensverluste durch die Angewiesenheit auf die gegenüber dem Erwerbseinkommen reduzierten Transferzahlungen hinnehmen (so konnte die Hälfte der alleinlebenden Erwerbslosen 1987 nur über weniger als 800 DM im Monat verfügen - vgl. Mayer 1988: 859), und die Entwicklung dieser Transferzahlungen bzw. des verfügbaren Einkommens von Arbeitslosen-Haushalten blieb hinter

49 Nach den Ergebnissen der Transferumfrage von 1981 lag der relative Einkommensausfall und die Verarmungsquote bei Arbeitslosigkeit des Zweitverdieners deutlich niedriger (vgl. Klein 1987: 264ff.)

50 Dementsprechend waren 1986 unter den Haushalten, die Hilfe zum Lebensunterhalt wegen »Arbeitslosigkeit« als Hauptursache empfingen (überwiegend in Ergänzung zu Arbeitslosengeld-/-hilfeleistungen), die Ehepaare (mit und ohne Kinder) nur zu knapp 23 Prozent vertreten. Mit einem Anteil von 54 Prozent lag das Schwergewicht eindeutig bei den alleinstehenden Arbeitslosen, die zumeist (etwa 70 Prozent) kein(e) Arbeitslosengeld/-hilfe (mehr) bezogen (vgl. Seewald 1988: 273), d.h. überwiegend - wenngleich mit deutlichen regionalen Unterschieden - bei jüngeren ledigen Männern und Frauen (vgl. Lompe/Pollmann 1986; s. dort auch zu den Rekrutierungsmustern der *Neuen Armen*).

den Einkommenssteigerungsraten für alle privaten Haushalte deutlich zurück: Während die verfügbaren Einkommen der Haushalte insgesamt auch nach 1972 real wuchsen, erfuhren Haushalte, denen ein Bezieher von Arbeitslosengeld oder -hilfe vorstand, empfindliche reale Verluste - insbesondere nach 1982 (ca. 8 Prozent bis 1986 - vgl. Heinze et al. 1986: 37f.; IAB 1988: 5; Müller-Krumholz 1988: 502f.).

Zum anderen sind in Mehrpersonen-Haushalten von Arbeitslosen zunehmend (eine) weitere Person(en) arbeitslos und abnehmend (eine) weitere Person(en) gleichzeitig erwerbstätig: 1987 befanden sich 130.000 Erwerbslose (von 2,35 Mio.; 1980: 34.000 von 0,77 Mio.) in Haushalten, in denen *beide* Ehepartner erwerbslos waren, und während in annähernd der Hälfte der Haushalte mit erwerbs*tätigem* Ehemann die Ehefrau ebenfalls erwerbstätig ist (s.o., S. 16), trägt in nur 30,5 Prozent (1987) der Haushalte mit erwerbs*losem* Ehemann die Ehefrau durch Erwerbstätigkeit zum Haushaltseinkommen bei (1980: noch zu 40 Prozent - vgl. Mayer 1988: 859; WiSta 1981: 661f.; s. auch IAB 1988: 6).[51] Diese »doppelt« benachteiligte Situation kommt dadurch zustande, daß das höhere Arbeitslosigkeitsrisiko von älteren und ganz jungen Personen sowie von Arbeitskräften mit niedrigem Qualifikationsniveau und in bestimmten Regionen durch die regelmäßig große Ähnlichkeit von Ehepartnern hinsichtlich Alter, Qualifikationsniveau usw. nochmals verstärkt wird. So liegt beispielsweise die Erwerbstätigenquote aller verheiratet zusammenlebenden Frauen (ohne Altersbegrenzung nach oben) in den Bundesländern mit großen Beschäftigungsproblemen deutlich unter dem Bundesdurchschnitt (38,4 Prozent; Saarland 28,0; Nordrhein-Westfalen 32,1). Dagegen gelingt es den Frauen in den Bundesländern mit vergleichsweise günstiger Arbeitsmarktsituation offensichtlich weitaus leichter, ihren Erwerbswunsch auch tatsächlich zu realisieren (Bayern 45,4; Baden-Württemberg 42,6 Prozent - vgl. StBA 1987: 193).

Ob jedoch in Zukunft mit einer geringeren Aufnahmefähigkeit des Arbeitsmarktes und zunehmend weniger stabilen Erwerbsarbeitsverhältnissen gerechnet werden muß und von daher die *Erwartung* einer abnehmenden Verfügbarkeit

---

51 Vgl. zu dem in Großbritannien offenbar schärfer ausgeprägten Problem der Kumulation von Arbeitslosigkeit in einem Familienhaushalt die Studie von Payne (1987; s. auch Rimmer 1988: 74ff.). Dort war 1983 in Haushalten, denen ein *beschäftigter* Arbeitnehmer vorstand, die Ehefrau in 58 Prozent der Fälle ebenfalls erwerbstätig; aber in nur drei Zehntel der Haushalte, denen ein *Arbeitsloser* vorstand, konnte auf das zusätzliche Erwerbseinkommen der Ehefrau zurückgegriffen werden (vgl. Central Statistical Office 1985: 74 [Table 4.27]) - wofür offenbar die fast vollständige Anrechnung des Einkommens anderer Familienmitglieder bei der Beantragung von nur bei Bedürftigkeit zu gewährenden Sozialtransfers mitverantwortlich ist, somit die Arbeitslosenhaushalte also fast in jedem Fall ausschließlich auf die Unterstützungsleistungen zurückgeworfen sind und sich in der sog. »Armutsfalle« befinden (vgl. Pahl 1988: 256; Rimmer 1988: 76ff.).

der Haushalte über Geldressourcen objektiv gerechtfertigt ist, läßt sich kaum verläßlich prognostizieren. Die Fortdauer der Arbeitsmarktkrise und insbesondere der Anstieg der Arbeitslosigkeit auf ein in der Nachkriegsgeschichte nicht gekanntes Niveau ab 1982 hat zwar nach wie vor nur eine Minderheit der erwerbsfähigen Bevölkerung unmittelbar mit eigener Arbeitslosigkeit konfrontiert, jedoch wachsende Teile der Bevölkerung in ihrem sozialen Umfeld mit diesem Problem in Berührung gebracht und bei den Beschäftigten die subjektive Unsicherheit hinsichtlich der Stabilität der eigenen Beschäftigung sowie der (gleichwertigen) Wiederbeschäftigungschancen im Falle des Arbeitsplatzverlustes wachsen lassen (vgl. Zapf et al. 1987b: 54ff.; Peter 1989: 38ff.). Bei »einfachen Arbeitern«, Erwerbspersonen mit eigener Arbeitslosigkeiterfahrung sowie älteren Beschäftigten, die häufiger als im Durchschnitt solche Befürchtungen hegen, besteht diese negative Einschätzung ihrer Wiederbeschäftigungsaussichten gewiß zu Recht, betrachtet man die Struktur der (Langzeit-)Arbeitslosen (vgl. Brinkmann 1989). Von den im Sozio-ökonomischen Panel 1984 erfaßten Erwerbslosen fand nicht einmal jeder zweite (47 Prozent) bis 1987 dauerhaft einen Arbeitsplatz (und das heißt vielfach ein zunächst nur befristetes Arbeitsverhältnis). Knapp 15 Prozent der Erwerbslosen waren drei Jahre nach der Erstbefragung durchgängig ohne Beschäftigung geblieben und hatten nur geringe Chancen auf berufliche Wiedereingliederung. Etwa 16 Prozent der Erwerbslosen gelang keine stabile Reintegration; sie waren nach zwischenzeitlicher Erwerbstätigkeit erneut arbeitslos, und 22 Prozent bezeichneten sich 1987 nicht mehr als erwerbslos, waren aber auch nicht erwerbstätig und müssen demzufolge zum großen Teil der sog. »Stillen Reserve« zugerechnet werden (vgl. Schupp 1988). Die Betroffenheit von Arbeitslosigkeit führt also – *zunehmend*, wie eine neuere IAB-Untersuchung ausweist (vgl. Karr/John 1989) – zu einer Destabilisierung des Erwerbsverlaufs und bedeutet nicht nur aktuell, während langer bzw. wiederholter Arbeitslosigkeitsperioden z.T. erhebliche Einkommenseinbußen, sondern auch eine im Alter reduzierte Verfügbarkeit von Geldressourcen aufgrund der niedriger bemessenen Anwartschaftsleistungen bei der Gesetzlichen Rentenversicherung.

Für diese zunehmend an den »Rand des Arbeitsmarktes« gedrängten Erwerbspersonen – zu denen zum Teil auch die außerhalb des sog. »Normalarbeitsverhältnisses« stehenden Erwerbstätigen in (illegalen) Leiharbeitsverhältnissen, mit befristeten Arbeitsverträgen, als (unfreiwillige) »Scheinselbständige« oder in aussichtslosen (Arbeitsbeschaffungs-)Maßnahmen der Arbeitsverwaltung zu rechnen sind – dürfte die Ausgangshypothese dieses Kapitels weitgehend zutreffen (vgl. Hinrichs 1989).[52] Sieht man von dieser nicht exakt zu quantifizierenden, aber gewiß gewachsenen »Risikogruppe« (was Niveau und Kontinuität ihres Einkommensstroms anbelangt) ab, dann zeigt sich jedoch, daß das Beschäftigungssystem offensichtlich in der Lage ist, bei stundenmäßig insgesamt gesunkenem (und tendenziell weiter sinkendem) Arbeitsvolumen für weiterhin rd. 26 Mio. Erwerbpersonen Arbeitsplätze bereitzustellen. Jedenfalls haben sich Anfang der achtziger Jahre verbreitete Erwartungen eines fortgesetzten »Null-Wachstums« und forcierter Produktivitätssteigerungen durch die Einführung »Neuer Technologien« mit entsprechenden Arbeitsplatzverlusten bisher nicht bewahrheitet (obwohl dieses Erklärungsmuster der Arbeitslosigkeit in der Bevölkerung nach wie vor am stärksten verbreitet ist - vgl. Peter 1989: 47ff.), und auch für das nächste Jahrzehnt muß von einer *Vergrößerung* des Arbeitslosigkeitsproblems wohl nicht ausgegangen werden (vgl. Klauder 1988: 196f.). Allerdings darf mit einer merklichen *Verringerung* der Arbeitslosenzahlen ebenfalls nicht gerechnet werden.

Wenn es um die Steigerung der Verfügbarkeit über Geldressourcen geht, sind jene Haushalte eindeutig und langfristig zu den »Gewinnern« zu rechnen, denen es im Umverteilungsprozeß der Arbeitsplätze in den letzten Jahrzehnten gelang, den »Sprung« zu den »Doppelverdiener«-Haushalten zu schaffen[53] - sei es auch nur für eine gewisse Zeit - und mit Hilfe eines zweiten (Vollzeit-)Erwerbseinkommens (und ggf. ergänzender Eigenarbeitsleistungen) Wohneigentum zu erwerben und ein hohes Niveau der Ausstattung mit langlebigen Gebrauchsgütern zu erreichen (vgl. auch Pahl 1988: 251). Unter diesen Voraussetzungen sind nicht nur erhebliche Ausgabenersparnisse durch Selbstversorgungsaktivitäten (wie DIY) möglich (s.o., S. 46ff.), diese Haushalte erhalten auch Zugang zum informellen Austausch von wohlfahrtsrelevanten Leistungen z.B. im Rahmen von nachbarschaftlichen Netzwerkbeziehungen anderer Eigenheimbesitzer. Diese durch das Zusammentreffen von zwei Erwerbseinkommen, relativ hohem

---

52 Bezogen auf alle Befragten der Wohlfahrtssurveys 1978 und 1984, hat die Zufriedenheit mit dem Haushaltseinkommen abgenommen. Für diese Entwicklung ist gewiß zu einem Gutteil die relative Zunahme der Arbeitslosen verantwortlich, die häufiger als es in jeder anderen »Problemgruppen« der Fall ist, mit ihrem Haushaltseinkommen »eher unzufrieden« sind (vgl. Zapf et al. 1987b: 53 und 61f.), wozu insbesondere die zwischen 1980 und 1986 um mehr als das *Fünffache* gestiegene Zahl der Empfänger-Haushalte von Sozialhilfe wegen »Arbeitslosigkeit« als Hauptursache der Hilfegewährung Veranlassung haben dürfte (1986 = 417.103 Haushalte). Diese Haushalte machten 1986 - mit weiter steigender Tendenz - bereits *ein Drittel* aller Haushalte, die laufende Hilfe zum Lebensunterhalt empfingen, aus (1980 noch ca. 10 Prozent - vgl. Seewald 1988: 273). Nach Mikrozensus-Ergebnissen (1987) - deshalb sind die absoluten Zahlen nicht vergleichbar - bezogen 302.000 Erwerbslose bzw. 12,7 Prozent aller Erwerbslosen (auch) Sozialhilfe. Gegenüber 1986 bedeutete das eine Steigerung um 25 Prozent (vgl. Mayer 1988: 858f.).

Gebrauchsgütervermögen und umfänglicher Haushaltsproduktion gebildete günstige Konstellation wirkt sich denn auch dahingehend aus, daß Haushalte, die stark im DIY engagiert sind, ebenfalls ein sehr aktives häusliches und außerhäusliches Freizeitverhalten mit hoher Ausgabeintensität an den Tag legen (vgl. IfF 1987, Bd. 1: 270ff.).

Haushalte des Typs IIIa/b dürften aber auch noch aus einem weiteren Grund in Zukunft zu den »Gewinnern« gehören und bei ihnen die Erwartung einer kontinuierlichen, sich auch nach Beendigung des Erwerbslebens fortsetzenden Ausstattung mit zureichenden Geldressourcen stärken - unbeschadet der durch die demographischen Umschichtungen absehbaren Probleme der Rentenfinanzierung und der Unwägbarkeiten hinsichtlich der Entwicklung des Rentenniveaus. Denn zum einen ist der Altersquotient bzw. die »Rentenlast« stark abhängig von der Entwicklung der Arbeitskräftenachfrage, also von Erwerbsbeteiligung und Beschäftigungsniveau (vgl. auch Schwarz 1988: 290ff.). Zum anderen ist aber auch ungeachtet der Alterssicherungsproblematik die Erwartung einer *generellen* Verbesserung der Geldausstattung der privaten Haushalte gerechtfertigt, weil (a) immer mehr (verheiratete) Frauen eigene Rentenversicherungsansprüche erwerben und (b) sich der Abstand der Rentenzahlungen an weibliche Versicherte zu den Renten männlicher Ruheständler künftig verringern wird. Die Größenordnung des erstgenannten Prozesses wird in einer schlichten Betrachtung der

---

53 Diese Behauptung gilt selbst dann, wenn man in Rechnung stellt, daß der »Realwert« des zweiten Nettoeinkommens eines Erwerbstätigen-Haushalts niedriger ist als der nominale Nettobetrag, weil mit der Aufnahme oder Fortsetzung der Erwerbsbeteiligung der Ehefrau einkommensabhängige Transferleistungen (z.B. Wohngeld) entfallen, arbeitsplatzbezogene Ausgaben (z.B. für Verkehrsmittel oder zusätzliche Bekleidung) und substitutive Aufwendungen anfallen (z.B. für die Beaufsichtigung der Kinder, die Beschaffung zeitsparender Güter oder das Ausweichen auf teurere Fertiggerichte). Wegen der Verfügbarkeit über unterschiedlich große »freie« Zeitkontingente unterscheidet sich das Konsumverhalten von »Hausfrauen«- und »Doppelverdiener«-Haushalten wohl in einigen Aspekten (vgl. Keller 1984: 92ff.; Freitäger 1986: 87ff. und 178ff.) - nach einer neueren US-amerikanischen Untersuchung sogar recht deutlich (vgl. Jacobs et al. 1989), aber generell scheinen - bei jeweils gleichen Einkommensklassen - zwischen ihnen nur geringe Differenzen im Verhältnis von Marktkäufen (= »Zeitkäufen«) und Haushaltsproduktion zu bestehen (vgl. auch Strober/Weinberg 1980; Nickols/Fox 1983 und Bellante/Foster 1984). Denn jenseits ihres ökonomischen Werts enthalten viele Erzeugnisse der Haushaltsproduktion eine symbolische Bedeutung für die Haushaltsmitglieder. Wegen dieses Sinngehalts wird regelmäßig eine »traditionelle«, also haushaltliche Leistungserstellung bevorzugt, wobei diverse Haushaltstechnologien wie Katalysatoren wirken und es ermöglichen, gewohnte Standards auch in Familien mit erwerbstätiger Ehefrau beizubehalten (vgl. Thrall 1982; Cowan 1983: 209f.). Der geringe Substitutionsgrad zwischen Haushaltsproduktion und Marktbezug sollte deshalb für nur geringe Minderungen des »Realwertes« eines zusätzlichen Erwerbseinkommens in den Haushalten des Typs IIIa/b symptomatisch sein.

Erwerbsquoten verheirateter Frauen nicht sichtbar, sondern ist in ihrer Bedeutung erst vor dem Hintergrund der in den letzten Jahrzehnten dramatisch rückläufigen selbständigen Erwerbstätigkeit (innerhalb und außerhalb der Landwirtschaft) zu erkennen: So waren 1950 noch 63,3 Prozent aller erwerbstätigen Ehefrauen als »mithelfende Familienangehörige« tätig; 1961 waren es noch 40,2 Prozent; 1987 gar nurmehr 8,9 Prozent (vgl. StJB 1953; 123; StBA 1961: 80; StBA 1987: 130). Die tendenziell weiter steigende Erwerbsbeteiligung verheirateter Frauen ist also zunehmend mit abhängiger Beschäftigung gleichzusetzen, und diese Frauen können - anders als die frühere Mehrheit mithelfender Familienangehöriger - mit selbsterworbenen Rentenversicherungsleistungen rechnen und somit auch im Alter zum Haushaltseinkommen beitragen.[54]

Sie werden gleichzeitig einen wachsenden Beitrag zum Alterseinkommen des Familienhaushalts leisten: Die Rentenbeträge von weiblichen Versicherten der Gesetzlichen Rentenversicherung, die 1986 erstmals eine Rente bezogen, machten im Durchschnitt nur 45 Prozent der Rentenbeträge männlicher Neurentner aus (vgl. VDR 1987: 40). Diese extreme Differenz dürfte in Zukunft erheblich kleiner werden, weil unter den weiblichen Alterskohorten, die noch im erwerbsfähigen Alter stehen, die Erwerbsbiographien zunehmend anders verlaufen, d.h. in den Geburtsjahrgängen ab 1941 aufwärts werden die Erwerbsunterbrechungen (durch die sog. »familiale Pause«) immer weniger und immer kürzer[55], weshalb mehr Frauen immer mehr Lebensjahre in der Erwerbstätigkeit verbringen und

54 Repräsentativerhebungen aus dem Jahr 1982 zeigen, daß in der heutigen Rentnergeneration noch rd. 45 Prozent der Frauen ohne *eigene* Alterssicherung ist, d.h. über kein eigenes Einkommen oder ausschließlich über eine Witwenrente/-pension verfügen (vgl. von Rosenbladt et al. 1987: 59ff.; Stadié 1987: 66). Unter den 1980 befragten Frauen der Geburtsjahrgänge 1920 - 1955 hatte ein Viertel (noch) keine eigene Alterssicherung aufgebaut (vgl. Rosenbladt et al. 1987: 198ff.).

55 Ein Vergleich der Familien- und Erwerbsbiographien von Frauen verschiedener Geburtsjahrgänge - wie ihn Tölke (1986) vornimmt - offenbart aber zugleich eine wachsende *Pluralität* in den jüngeren Alterskohorten: Während in der ältesten Kohorte (Geburtsjahrgänge 1929-31) die Biographien unabhängig vom Bildungsgrad sehr ähnlich verlaufen, bestimmen in den jüngeren Kohorten (Geburtsjahrgänge 1939-41 und 1949-51) die schulische und berufliche Ausbildung zunehmend die Ausformung der Lebensbereiche »Familie« und »Erwerb« - abzulesen u.a. an einer nach Bildungsgrad unterschiedlichen Kinderzahl oder Erwerbsunterbrechung(sdauer) nach der Heirat bzw. an der deutlich höheren Erwerbsquote verheirateter Frauen mit Hochschulabschluß (1986: 66 Prozent; ohne abgeschlossene Berufsausbildung: 37 Prozent - vgl. Brinkmann et al. 1988: 730). Ehefrauen mit niedrigem oder fehlendem (Berufs-)Ausbildungsabschluß haben durchschnittlich mehr Kinder, sind relativ häufiger unmittelbar nach der Heirat bzw. nach ersten Geburt aus der Erwerbstätigkeit ausgeschieden, und sie sehen in ihrer Hausfrauen-/Mutterrolle vielfach eine zufriedenstellende Langfrist-Perspektive (vgl. Erler et al. 1988: 67ff. und 95f.).

entsprechende Rentenanwartschaften aufbauen (vgl. Rosenbladt et al. 1987: 108ff.; Jäkel/Kirner 1987; Schwarz 1988; Brinkmann et al. 1988: 733ff.). Darüber hinaus wird auch die Anrechnung von Kindererziehungszeiten bei der Rentenberechnung Abbau der Differenz zwischen den Rentenbeträgen von Männern und Frauen beitragen; jedoch ist in einem auf Erwerbsarbeit(seinkommen) basierenden Versicherungssystem ohne weitere politische Umgestaltungsmaßnahmen auch auf längere Sicht keine *Angleichung* zu erwarten (vgl. Kaltenbach 1988; Pfaff 1988).

Die wachsende Erwerbsbeteiligung von Frauen resultiert zu einem Gutteil aus dem Zustrom von Berufsunterbrecherinnen. Die Rückkehr in die Erwerbstätigkeit bedeutet für sie überwiegend die Aufnahme eines Teilzeitarbeitsverhältnisses (vgl. Schupp 1988: 415f.). Dennoch ist im Zusammenhang mit der Behauptung einer künftig besseren finanziellen Absicherung von Frauen im Alter der Verweis auf die in den letzten Jahren erheblich gewachsenen Teilzeitbeschäftigungsverhältnisse unterhalb der Sozialversicherungspflichtgrenze nur bedingt tragfähig: Teilzeitbeschäftigungsverhältnisse sind im allgemeinen nicht stärker von Beschäftigungsrisiken bedroht als andere Arbeitsverhältnisse (vgl. Büchtemann/Schupp 1986: 26), und »geringfügige« oder »unregelmäßige« Teilzeitarbeit hat »in vielen Fällen durchaus den Charakter einer erwerbsbiographischen ›Durchgangsstation‹ .. und (stellt) nicht unbedingt eine erwerbsbiographische ›Sackgasse‹ (dar)« (ebd.: 28).[56] Der in jüngeren Alterskohorten zunehmend zur Regel werdende Aufbau einer eigenständigen Alterssicherung von Frauen, wodurch allerdings auch in Zukunft längst nicht für alle eine ausreichende Bedarfsdeckung im Alter gewährleistet sein dürfte, läßt auch die aktuell teilweise erheblichen materiellen Belastungen infolge von Ehescheidungen[57] zunehmend zu einer temporären »Angelegenheit« für die davon betroffenen Frauen werden, wozu auch die Übertragungen von Rentenanwartschaften im

56 1980 hatten Frauen der Geburtsjahrgänge 1920 – 1955 im Durchschnitt knapp 15 Prozent ihres Erwerbslebens als Teilzeitbeschäftigte verbracht und davon wiederum die überwiegende Zeit (84 Prozent) in sozialversicherungspflichtiger Beschäftigung. In den jüngeren Alterskohorten lagen die Teilzeitbeschäftigungsanteile jedoch schon deutlich höher und dürften zwischenzeitlich noch weiter angewachsen sein (vgl. Rosenbladt et al. 1987: 37ff.).

57 Die »allgemeine Lebenszufriedenheit« und die Zufriedenheit mit dem Haushaltseinkommen von Geschiedenen und Alleinerziehenden lag 1984 deutlich hinter dem Bevölkerungsdurchschnitt zurück, und ebenso machten sie sich häufiger Sorgen um die »eigene wirtschaftliche Situation« (vgl. Zapf et al. 1987b: 62f. und 74f.). Aber deutlich stärker als andere »Problemgruppen« und die deutsche Bevölkerung insgesamt *erwarteten* die Geschiedenen und Alleinerziehenden eine *Verbesserung* ihrer Situation binnen Jahresfrist (vgl. ebd.: 66f.).

Rahmen des Versorgungsausgleichs beitragen, die per saldo fast immer positiv für die geschiedenen Frauen ausfallen (vgl. Roth 1989).[58]

Es kann als sicher gelten, daß in Zukunft die Rentenversicherungsbeiträge der Beschäftigten weiter steigen und die Steigerungsraten der Renteneinkünfte geringer als in der Vergangenheit ausfallen werden. Während der Einkommensabfall nach Beendigung der Erwerbskarriere für die Beamten und andere Beschäftigte des öffentlichen Dienstes immer schon gering war, wird in Zukunft ein wachsender Anteil von Beschäftigten der privaten Wirtschaft in der Lage sein, im Alter die Einkünfte aus der Gesetzlichen Rentenversicherung durch Zahlungen aus betrieblichen Altersversorgungssystemen aufzustocken, denn insbesondere in den siebziger Jahren wurde dieser Zweig der Alterssicherung stark ausgebaut. Dies bedeutet, daß der Anteil der Arbeitnehmer in der Privatwirtschaft, die mit einer ergänzenden Betriebsrente im Alter rechnen können (1980 ca. 55 Prozent) deutlich größer ist als der Anteil der Betriebsrentenbezieher unter den schon Verrenteten (1982 bezogen rd. 28 Prozent der zuvor im Privatsektor beschäftigten Rentner auch Betriebsrenten - vgl. Rosenbladt et al. 1987: 154 und 147). Die Arbeitnehmer in der Privatwirtschaft mit betrieblicher Zusatzsicherung und noch stärker die Beschäftigten des öffentlichen Dienstes werten ihre Sicherung für das Alter deutlich positiver als Arbeitnehmer ohne Zugang zu den »besseren« Formen der Alterssicherung (vgl. ebd.: 55). Von Leistungen aus der betrieblichen Alterssicherung profitieren bereits bzw. werden in Zukunft besonders begünstigt sein Arbeitnehmer, die in größeren Unternehmen beschäftigt waren bzw. sind (1982 waren in Unternehmen mit mehr als 10.000 Beschäftigten 83,3 Prozent der Arbeitnehmer einbezogen), (ehemalige) Beschäftigte in der Industrie, Arbeitnehmer in höheren beruflichen Positionen, Angestellte (etwas) mehr als Arbeiter und Männer deutlich stärker als Frauen (vgl. Kaukewitsch 1978; Schmähl 1986: 689f.; Rosenbladt et al. 1987: 167).

Die geringere Begünstigung von Frauen hängt weniger damit zusammen, daß Teilzeitbeschäftigte teilweise vom Erwerb von Betriebsrentenansprüchen ausgeschlossen werden, als damit, daß Frauen schwergewichtig in Sektoren und (Klein-)Betrieben beschäftigt sind, in denen betriebliche Altersversorgungssysteme weniger verbreitet sind. Dennoch, je jünger die Frauen, umso stärker *nähert* die sich ihre Beteiligungsquote an der betrieblichen Altersversorgung der von Männern an (vgl. Schmähl 1986: 688). Diese auf ihre dauerhaftere Partizipation am Arbeitsmarkt zurückzuführende Entwicklung wird dazu führen, daß

58 Wenn im Zusammenhang mit steigenden Scheidungsziffern davon die Rede ist, daß mittlerweile jede dritte Ehe geschieden wird, so trifft dies nur bei einer *Querschnittsbetrachtung* zu. Bei einer *Kohortenbetrachtung* zeigt sich, daß bisher *kein* Eheschließungsjahrgang zu mehr als zwanzig Prozent geschieden wurde (vgl. Braun 1988: 683).

auch bei Frauen die Kumulation von Sozialversicherungs- und Betriebsrenten zukünftig ansteigen wird, und in den Alten-Haushalten, in denen eine solche Kumulation bereits gegeben ist, ist die Einkommenssituation deutlich günstiger als in den Rentner-Haushalten, die ausschließlich Renten der GRV beziehen (vgl. Heinz 1986).[59] Benachteiligt werden deshalb weiterhin diejenigen Arbeitnehmer, die wegen kurzer Beschäftigungsdauer im Betrieb keine unverfallbaren Anwartschaften erwerben können, also vornehmlich Angehörige der sog. »Randbelegschaft«. Wegen dieser Verteilungseffekte verstärkt die betriebliche Zusatzsicherung die Einkommensdifferenzierung im Alter (vgl. Rosenbladt et al. 1987: 171).

Stärkung der Erwartungssicherheit hinsichtlich der materiellen Lage durch wachsende Geld- und Sachvermögensbildung

Während über die Beitragshöhe und das Leistungsniveau in den Systemen der gesetzlichen und betrieblichen Altersversorgung nicht individuell disponiert werden kann, haben die privaten Haushalte aus eigener Entscheidung *zusätzliches* Vermögen gebildet, über das sie beliebig oder im Rahmen vertraglicher Vereinbarungen verfügen können. Erwartungen an die zukünftige Zahlungsfähigkeit der Alterssicherungssysteme haben diese Vermögensbildungsstrategien gewiß beeinflußt, und »Systemvertrauensverluste« werden mittelfristig eher noch stärker zum Tragen kommen. So waren 1983 in 66,8 Prozent der Haushalte Lebensversicherungen als weitere »Säule« der Alterssicherung abgeschlossen worden; in Erwerbstätigen-Haushalten lag der Anteil noch etwa zehn Prozent-

59 Es erstaunt deshalb nicht, daß sich 1984 nach den Ergebnissen des Sozio-ökonomischen Panels die Personen ab dem 60. Lebensjahr deutlich weniger häufig als jüngere »große Sorgen um die eigene wirtschaftliche Situation« machten. In der Altersgruppe 65 – 74 Jahren war dies nur bei jeder zehnten Person der Fall (Deutsche insgesamt: 17,3 Prozent), und sie hatten dazu auch objektiv wenig Veranlassung: Der Anteil, der in »strenger« oder »milder« relativer Armut lebte, lag hier niedriger als für die Gesamtbevölkerung (vgl. Zapf et al. 1987b: 74f. und 81). Nach einer Umfrage des IfD Allensbach (1988) glauben 77 Prozent der über 60-jährigen Bevölkerung, genügend für ihr Alter vorgesorgt zu haben, und die Hälfte meint, als Rentner so leben zu können wie vorher. Bei der jüngeren Bevölkerung ist die Vermutung, sich später einschränken zu müssen, deutlich stärker verbreitet.

punkte höher (vgl. *Wirtschaft und Statistik* 1985: 468*).[60] Darüber hinaus haben die privaten Haushalte durch aktuellen Konsumverzicht erhebliche Vermögensbestände in anderen Anlageformen (Sparguthaben, Wertpapiere usw.) angehäuft. Die Netto-Geldvermögensbestände sind zwischen 1970 und 1987 mit (nominal) 357 Prozent ganz deutlich schneller gestiegen als die verfügbaren Einkommen der privaten Haushalte (Zuwachs: 197 Prozent - vgl. Bedau 1988: 508; Müller-Krumholz 1988: 502; s. auch Schüler 1988: 881). Diese Entwicklung hat dazu geführt, daß 1987 in Haushalten von Angestellten die Vermögenseinkünfte 5,6 Prozent ihres gesamten primären Einkommens ausmachten (absolut: 5.004 DM). Für die Haushaltsgruppe der Beamten lagen die entsprechenden Werte bei 5,9 Prozent/4.327 DM, für die Arbeiter bei 3,9 Prozent/2.740 DM, und Rentnerhaushalte erzielten im Durchschnitt 2.542 DM (Pensionäre: 3.431 DM - vgl. Bedau 1988: 511f.).[61] Zu bedenken ist allerdings, daß solche Durchschnittszahlen die unterschiedliche Sparleistung in Abhängigkeit vom verfügbaren Haushaltseinkommen und die entsprechend ungleiche Vermögensverteilung verbergen und ebenso nicht zum Ausdruck bringen, daß 1983 gut 5 Prozent der Haushalte kein Geldvermögen besaßen und bei weiteren 8 Prozent die Kreditverpflichtungen (ohne Berücksichtigung von Bauspardarlehn und Hypotheken) überwogen (vgl. Euler 1985: 410 und 414f.).

Unbeschadet der Tatsache, daß die Verteilung des Geldvermögens und der daraus bezogenen Einkünfte noch *weitaus* ungleicher ist als die Verteilung der Haushaltseinkommen (vgl. Euler 1985: 415f.; 1988: 569ff.), sind zwei weitere Befunde für unsere Fragestellung bemerkenswert: (1) Aus den in den letzten Jahren erfolgten Umschichtungen zwischen einzelnen Geldanlageformen wird eine Tendenz zu langfristigen Anlagen mit höherer Rendite erkennbar. Die Vermögensbildung bewegt sich auf jedem Niveau in Richtung auf Anlagen ohne unmittelbare Zweckbindung und damit weg vom »Ansparen« für den Kauf von unteilbaren höherwertigen Gebrauchsgütern. In dieser Entwicklung kommt die

---

60 Nach der 1980er Infratest-Erhebung zur künftigen Alterssicherung der 25- bis 60-jährigen Bevölkerung hatten rd. 60 Prozent der Arbeitnehmer private Lebensversicherungen abgeschlossen. Eine »Rentenäquivalenzberechnung« ergab, daß aufgrund dieser Verträge gut ein Viertel der Arbeitnehmer mit »versorgungsrelevanten« monatlichen Annuitäten von mindestens 100 DM ab dem 60. Lebensjahr rechnen konnte. Für die damals bis 45 Jahre alte Bevölkerung lag dieser Anteilswert deutlich höher (z.B. für 35- bis 39-jährige Männer 46 Prozent) als für die bereits dem Rentalter näherstehenden Generationen (vgl. Rosenbladt et al. 1987: 69ff.).

61 Schüler (1988: 887) gelangt für 1987 aufgrund anderer Berechnungsmethoden für die einzelnen Haushaltsgruppen zu z.T. nicht sehr stark abweichenden Vermögenseinkommen, d.h. für alle Arbeitnehmerhaushalte zu niedrigeren Werten, für Rentnerhaushalte jedoch zu einem deutlich höheren Durchschnittsbetrag (3.346 DM).

steigende Bedeutung des Vorsorgedenkens, also der Orientierung an zusätzlichen Einkünften aus Geldvermögen, zum Ausdruck (vgl. Euler 1985: 417f.; Bedau 1986: 355f.). Das dem zugrunde liegende gestiegene Sicherheitsbedürfnis ist Komplement des Individualisierungsdrucks, nachdem traditionelle Sicherungsinstanzen, wie Familie, Sozialstaat, berufliche Qualifikationen usw., an Beständigkeit und Verläßlichkeit eingebüßt haben (vgl. Zapf et al. 1987b: 138).

(2) In Zukunft werden immer mehr Haushalte von älteren Personen über solche ergänzenden Vermögenseinkünfte verfügen können, denn zwischen 1973 und 1983 haben die Haushalte mit Bezugspersonen ab dem 45. Lebensjahr stärker als die in anderen Altersgruppen ihr Geldvermögen vermehrt; die »älteren« Haushalte mit Bezugspersonen bis zum 70. Lebensjahr verfügten 1983 auch über die größten Durchschnittsvermögen. Diese nach Alter unterschiedlichen Vermögensbestände sind selbstverständlich das logische Resultat des »Lebenszyklus« von Haushalten, d.h. die in »jüngeren« Haushalten relativ niedrigeren Einkommen müssen (fast) vollständig für die Wohnungseinrichtung und den laufenden Lebensunterhalt verwandt werden oder werden für die Bildung von Wohneigentum eingesetzt (vgl. Euler 1985: 411f. und 416f.). Aber über die Tatsache hinaus, daß die Geldvermögenseinkünfte mit steigendem Alter durchschnittlich einen wachsenden Teil des Haushaltseinkommens ausmachen (vgl. Euler 1988: 566), folgt aus der Konzentration des Geldvermögens bei den »älteren« Haushalten in den nächsten Jahrzehnten eine gewaltige und kaum zu überschätzende Umverteilung, wenn diese Geldvermögensbestände vererbt werden und sich damit die Ressourcenausstattung in den »jüngeren« Haushalten verbessert.

Die intergenerationelle Umverteilung von Geldressourcen wird in ihrer Bedeutung noch durch die Vererbung von Wohneigentum verstärkt werden. Nach der Einkommens- und Verbrauchsstichprobe von 1983 verfügten 45,5 Prozent der Haushalte über Haus- und Grundeigentum. Davon waren rund 80 Prozent durch Kauf oder Bau zu ihrem Besitz gelangt (vgl. Braun 1985: 968 und 973), und 60 Prozent der Haushalte mit Wohneigentum hatten z.T. noch beträchtliche Schuldverpflichtungen zu erfüllen – zusätzlich zu den laufenden Unterhaltskosten (vgl. ebd.: 971). Diese Situation dürfte sich in den nächsten Jahren und Jahrzehnten ändern, denn die Altersstruktur der Haushalte mit Wohneigentum zeigt ebenfalls ein Schwergewicht zugunsten der »älteren« Haushalte: 49,4 Prozent der Bezugspersonen in Haushalten, die Wohneigentum besaßen, befanden sich zwischen dem 40. und 60. Lebensjahr, und weitere 33,5 Prozent waren älter als 60 Jahre (vgl. StBA 1982: 63; Lahmann/Frick 1989). Weiterhin: Je älter die Hausbesitzer, umso weniger häufig mußten sie Zins- und Tilgungsleistungen aufbringen (vgl. Braun 1985: 973). D.h. in Zukunft wird neben z.T. erheblichen Geldvermögen auch überwiegend schuldenfreies Wohneigentum an erbberechtigte Kinder übergehen und in den begünstigten »jüngeren« Haushalten die Ausgaben für Mieten entfallen lassen sowie darüber hinaus das Ansparen auf den Erwerb eigenen Hausbesitzes (und anschließend die Übernahme von Zins- und Tilgungsverpflichtungen) entbehrlich machen, also ansonsten durch Miete bzw. Kapitaldienst gebundene Einkommensbestandteile für andere Verwendungszwecke frei werden lassen. Die Verbesserung der Ressourcenausstattung durch Erbgang von Geld- und Sachvermögen dürfte in Zukunft häufiger »ungeteilt« bei der nachfolgenden Generation ankommen, nimmt doch die durchschnittliche Kinderzahl pro Familie von Generation zu Generation ab. Der den »jüngeren« Haushalten zufließende Vorteil durch den Übergang von Wohneigentum sollte auch kaum beträchtlich dadurch geschmälert werden, daß wegen des höheren »Durchschnittsalters« des vererbten Wohnungsbestandes vermehrt Kosten für Renovierungs- und Modernisierungsmaßnehmen anfallen. Wie weiter oben gezeigt wurde, sind in diesem Bereich durch DIY erhebliche Ausgabenersparnisse möglich und werden auch realisiert.

Die in Zukunft verbesserte Ressourcenausstattung der zur Zeit noch »jüngeren« Haushalte wird jedoch nicht gleichmäßig eintreffen.[62] Haus- und Grundbesitzer sind überproportional häufig Haushalte mit mindestens durchschnittlichem Haushaltseinkommen (vgl. StBA 1982: 63; Braun 1985: 968); ebenso steigt mit dem Haushaltseinkommen auch der durchschnittliche Geldvermögensbestand. Die beiden Faktoren kumulieren sogar dergestalt, daß die Haushalte mit Besitz an Wohneigentum regelmäßig auch über ein größeres Geldvermögen verfügen, während umgekehrt Mieter-Haushalte durchschnittlich auch geringere Geldvermögensbestände aufweisen (vgl. Braun 1985: 973f. und *Wirtschaft und Statistik* 1985: 510*ff.). Bei den Kindern der letztgenannten Haushalte wird sich durch die anstehende »Erbübertragungswelle« die Ausstattung mit Geld- oder Sachvermögen nicht wesentlich verbessern.

---

62 Die Vermögensungleichheit dürfte durch den Erbgang von Wohneigentum eher kumulativ verstärkt werden: In England, wo – ausgehend von einem höheren Niveau – der Hausbesitzeranteil ebenfalls weiter zugenommen hat, wird Wohneigentum zu einem Großteil an Kinder mittleren Alters vererbt, die selbst schon wieder über Hausbesitz verfügen (vgl. Munro 1988), wofür die Ausstattung mit günstigeren »Startbedingungen« (im weitesten Sinn) durch die Herkunftsfamilie gewiß mitverantwortlich ist.

Fazit

Die Zahl der (Mehrpersonen-)Haushalte mit mehreren Einkommensbeziehern ist in der Vergangenheit gestiegen und wird voraussichtlich weiter ansteigen. Hier hat sich nicht nur aktuell die Ausstattung mit monetären Ressourcen verbessert, sondern auch die Erwartung eines stetigen, in der Höhe stabilen Einkommensstroms. Dazu trägt auch bei, daß eine wachsende Zahl von Haushalten über mehr als eine Einkunftsart verfügt, und Kumulationen von Erwerbseinkommen bzw. (verschiedenen) Erwerbsersatzeinkommen und Vermögenseinkünften werden in Zukunft noch häufiger sein. Es zeigt sich hier eine positive Verkettung begünstigender Umstände, zu denen stabile Beschäftigungsverhältnisse, mehrere Einkommen im Haushalt, Wohneigentum, soziale und betriebliche Alterssicherung, Vermögenswerte und bevorzugter Zugang zu informellen Beschäftigungswegen gehören. Diese Entwicklungen - aber auch die in Zukunft verstärkten intergenerationellen Vermögensübertragungen - bergen einen »Matthäus-Effekt« in sich: Ein Teil der Haushalte wächst von günstigen Ausgangsniveaus in höhere Stufen des Wohlstandes hinein und setzt sich von einer »Unterschicht« mit instabilen Beschäftigungsverhältnissen, höherem Invaliditätsrisiko, intermittierenden Arbeitslosigkeitsperioden, niedrigerem aktuellen Einkommen und entsprechender Erwartungsunsicherheit hinsichtlich der künftigen Verfügbarkeit über Geldressourcen ab. Diese relativ schlechtergestellten Haushalte haben darüber hinaus nur beschränkte Aussichten, ihre Position durch Vermögensübertragungen zu verbessern.

5. Steigende Geldabhängigkeit von Wohlfahrt?

Selbst wenn sich das Niveau und die Stetigkeit des Einkommensstroms in Zukunft für einen großen Teil der privaten Haushalte verbessern werden, begründet dies für sie nicht zwangsläufig auch die Erwartungssicherheit, daß sich die Versorgungsverhältnisse entsprechend günstiger gestalten werden. Diese Auseinanderentwicklung würde sich dann einstellen, wenn selbst die *Beibehaltung* eines gegebenen Wohlfahrtsniveaus mit *höherer* Geldverausgabung verbunden wäre; ein konstantes Wohlfahrts- und Versorgungsniveau würde in diesem Falle »geldaufwendiger«. Eine solche Entwicklung würde den Teil der Haushalte, die einen stagnierenden oder gar sinkenden bzw. schwankenden Einkommensstrom zu erwarten haben, in eine doppelt benachteiligte Situation bringen, wenn ihnen nicht andere Möglichkeiten des Bedarfsausgleichs offenstünden, die auch ohne Verausgabung von Geld zugänglich wären.

Die These von der wachsenden Geldabhängigkeit der Wohlfahrt bezieht sich *nicht* auf den trivialen Sachverhalt, daß normale inflationäre Geldentwertungen ganz global den Preis steigern, der für ein konstantes Bündel von wohlfahrtsrelevanten Gütern und Diensten zu zahlen ist. Vielmehr geht es um vier zusammenwirkende und ineinander verschlungene Effekte, die sich jedoch analytisch klar trennen lassen. Dabei handelt es sich um

(a) *Struktur*effekte: Sie bestehen darin, daß Haushalts- und auch Siedlungsstrukturen sich in der Weise verändern, daß pro Person bzw. pro Einheit des gewonnenen Nutzens höhere Aufwendungen (in der Regel: Kapitalaufwendungen) erforderlich werden.

(b) *Substitution*seffekte: Sie bestehen darin, daß Güter und Leistungen, die bisher nicht gekauft werden mußten, sondern anders beschafft werden konnten, nun nur noch gegen Geldzahlungen und auf Märkten erhältlich sind.

(c) *Preis*effekte: Sie bestehen darin, daß bestimmte für die Wahrung des Wohlstandsniveaus wichtige Güter und vor allem Dienstleistungen eine Preisentwicklung aufweisen, die (weit) über der globalen Inflationsrate liegt; solche vom Durchschnitt weit nach oben abweichende Preisentwicklungen sind insbesondere für Dienstleistungen beobachtet und mit dem beschränkten Rationalisierungspotential der Produktion »immaterieller« Güter in Zusammenhang gebracht worden (vgl. z.B. Baumol 1967).

(d) *Mengen-* bzw. *Qualitäts*effekte: Sie bestehen darin, daß entweder aufgrund eines Wandels von kulturellen Stilen, Mustern und Anspruchsniveaus, Art und Menge eines Wohlfahrtsbedarfs steigen, oder/und darin, daß es Anbietern gelingt, im Wege des »trading up« die unteren Qualitätsklassen von Gütern und Leistungen aus dem Markt zu nehmen und auf diesem Wege dem kaufenden Publikum höhere Qualitätsstandards zu oktroyieren.

Die individualistische Privatisierung der Lebensweise ist mit dem Markt als dem dominanten System der Bedarfsausgleichs aufs engste verknüpft: »Individualisierung bedeutet Marktabhängigkeit in allen Dimensionen der Lebensführung« (Beck 1986: 212). Diese Abhängigkeit bezieht sich nicht nur auf den *Arbeitsmarkt*, auf dem Arbeitsleistungen gegen Einkommen und Status eingetauscht werden, sondern auch auf *Gütermärkte*, wenn alternative Versorgungsmöglichkeiten durch Strategien der Anbieterseite und veränderte Bedürfnislagen der Nachfrager (Konsumenten) schwinden. Lutz (1984: 125) hat die Kommodifizierung der Versorgung zu Lasten des traditionellen Sektors, in dem die Disjunktion von Erwerbsarbeit und Haushalt/Familienleben allenfalls partiell vollzogen war, als Prozeß der »Landnahme«, d.h. der Kolonialisierung einer nicht-kapitalistisch geprägten Umwelt bzw. der *Substitution* beschrieben. Das Resultat ist, daß die Wohlfahrt der Haushalte zunehmend gebunden ist an die Verausgabung von Geld, das aus der Teilhabe am Arbeitsmarkt oder aus anderen Quellen stammt. Diese steigende Geldabhängigkeit von Wohlfahrt soll im folgenden beispielhaft an der Entwicklung der Verbrauchsausgaben für Freizeitgüter und anhand der Ausstattung der Haushalte mit langlebigen Gebrauchsgütern gezeigt werden. Abschließend wird der Blick auf bestehende »Nischen« der Wohlfahrtsproduktion gelenkt, in denen Leistungen im Rahmen von informellen Netzwerkbeziehungen erbracht werden, die individuell oder kollektiv finanzierte Angebote ersetzen.

Freizeit wird immer »teurer«

Die Steigerungsraten der verfügbaren Einkommen der privaten Haushalte seit Beginn der fünfziger Jahre schufen völlig neue Freiheitsgrade bei der Verwendung dieser Einkommen und führten zu einer Umgewichtung der Struktur des privaten Verbrauchs. Im Bereich der Ausgaben für Freizeitgüter zeigt sich am deutlichsten die Auflösung schichtspezifischer Lebensstile und klassengebundener Konsummuster. Hier - wie aber auch in den Bereichen »Wohnen« und »Verkehr« - lassen sich durch ein entsprechendes Ausgabenverhalten demonstrative Erlebnisse produzieren und differenzierende Lebensstile geradezu »inszenieren«. Aus den »laufenden Wirtschaftsrechnungen« des Statistischen Bundesamtes geht hervor, daß der *Anteil* der Aufwendungen für Freizeitgüter an den Konsumausgaben der »Arbeitnehmerhaushalte mit mittlerem Einkommen« zwischen 1965 und 1987 um *zwei Drittel* angestiegen ist (s. Tab. 3). Keine andere Ver-

Tabelle 3: *Entwicklung der Jahresarbeitszeiten von beschäftigten Arbeitnehmern und des Anteils von Freizeitaufwendungen an den Verbrauchsausgaben in Arbeitnehmerhaushalten mit mittlerem Einkommen, 1965 bis 1987*

Jahr	tarifliche Jahresarbeitsstunden zuzüglich Mehrarbeit je beschäftigten Arbeitnehmer	Anteil der Aufwendungen für Freizeitgüter an den Konsumausgaben in Arbeitnehmerhaushalten mit mittlerem Einkommen
1965	100,0	100,0
1970	96,6	115,3
1975	89,9	147,2
1980	87,7	156,5
1983	86,3	144,7
1985	84,7	151,9
1987	84,2	165,4

[berechnet nach: Kohler/Reyher 1988: 16 (Arbeitszeit 1965 - 1985); Bach et al. 1988: 466 (Arbeitszeit 1987); Freizeitaufwendungen: Angele 1984: 547 und 550 (1965 - 1983), Euler 1986: 471 und 473 (1985), Angele 1988: 578 und 582 (1987)]

brauchskategorie erlebte eine stärkere Ausweitung. Diese Entwicklung stützt eine Deutung im Sinne des *Mengeneffektes*: Ohne eine geldabsorbierende Gestaltung der zusätzlichen »Freizeit« wäre diese nicht als Wohlfahrtsgewinn erfahren worden. Insbesondere der Zugewinn an zusammenhängenden Freizeitblöcken in den letzten Jahrzehnten hat wegen der sich grundsätzlich bietenden Optionenvielfalt einen starken Aufforderungscharakter für ausgabenintensive Zeitverwendung. So ließen sich in der nur um rd. 16 Prozent ausgedehnten erwerbsfreien Zeit geradezu »spielend« überproportionale Freizeitausgaben unterbringen. Diese in der Tab. 3 dargestellten Entwicklungen in den »Arbeitnehmerhaushalten mit mittlerem Einkommen« gelten gleichermaßen für die Rentnerhaushalte mit niedrigem, jedoch noch ausgeprägter für die Angestellten-/Beamtenhaushalte mit höherem Einkommen.

In allen drei vom Statistischen Bundesamt in den »laufenden Wirtschaftsrechnungen« untersuchten Haushaltstypen machen die Ausgaben für den »Urlaub« durchschnittlich knapp ein Drittel der Aufwendungen für Freizeitgüter aus (vgl. Angele 1988: 582). Bei der wohnortfernen Gestaltung der Freizeit sind Grenzen der Ausgabensteigerung kaum auszumachen, und wie kaum in einem anderen Konsumbereich bedeutet hier »Stillstand = Rückschritt«. Wenn das »Gut« Urlaubsreise zunehmend zur »normalen« Ausstattung der Haushalte gehört, findet ein Übergang zu höherer Qualität statt, sprich: zu (immer) teureren Auslandsreisen; alternativ oder additiv verstärkt sich der Trend zur »Mehrfachausstattung«, d.h. hier: es wird mehr als eine Urlaubsreise pro Jahr unternommen. Beide Entwicklungen lassen sich empirisch anhand der Urlaubsausgaben und der Reiseintensität bestätigen (vgl. Hinrichs 1988: 193f. und 200ff.).[63]

Die Erwartung der kommerziellen Anbieter, daß der Freizeitmarkt auch in Zukunft zu den am stärksten expandierenden im Bereich des privaten Verbrauchs gehören wird,[64] beschränkt sich nicht nur auf das Segment des Tourismus. Neue Angebote, wie Tennis-/Squash-Hallen, Spaß-Bäder, Saunen, Fitneß-Studios usw., ergänzen zunehmend selbstorganisierte (in Vereinen) und öffentliche Freizeitangebote (z.B. Frei- oder Hallenbäder) oder substituieren diese »billigen« Angebote zunehmend in einigen Teilbereichen.[65] Diese kommerziellen Freizeitangebote scheinen auch deshalb so attraktiv zu sein, weil ihre Inanspruchnahme mit weniger Bindungen (als beispielsweise in Vereinen) verbunden ist und eine größere Entfaltung von Individualität und Spontaneität sowie die Betätigung mit selbstgewählten Partnern zuläßt.

---

63 In den vergangenen Jahren zeigt sich auch eine steigende »Selbstbedienungsorientierung« in der Urlaubsgestaltung (Ferienwohnungen, Selbstverpflegung usw.). Die Motive für eine solche Umorientierung sind nicht ausschließlich finanzieller Natur (Ausgabeneinsparung wegen überproportionaler Preiseffekte), sondern es geht – wie im Bereich der Haushaltsführung (s.o., S. 9 und 42ff.) – auch um die Wahrung von Privatheit und Autonomie (vgl. Heinze et al. 1986: 108ff.; IfF 1987, Bd. 2: 453ff.).

64 Vgl. als Auswahl verschiedene Berichte in einer regionalen Tageszeitung: »300 Milliarden DM für die Freizeit«, *Neue Westfälische*, Nr. 288 v. 12.12.1987; »Nicht Muskeln, die gute Figur ist gefragt«, *ebd.*, Nr. 25 v. 20.01.1988; »Freizeitmarkt wächst weiter«, *ebd.*, Nr. 118 v. 21.05.1988; »Caravans rollen zügig«, *ebd.*, Nr. 199 v. 27.08.1988.

65 Eine Abschätzung auf der Basis der niederländischen Zeitbudget-Studie von 1980 zeigt, daß durchschnittlich ca. ein Drittel der Freizeit in der öffentlich arrangierten Sphäre verbracht wird (davon wiederum drei Viertel mit Radio/Fernsehen) und zwei Drittel im selbstorganisierten bzw. Marktbereich. Es wird erwartet, daß der Freizeitanteil, der im Marktbereich verbracht wird, in Zukunft steigen wird (vgl. Knulst 1984: 28f.).

Weiterhin wurden völlig neue Freizeitaktivitäten (z.B. Windsurfing) als Absatzmarkt erschlossen, oder in bis dato nur kleinen Gruppen zugänglichen Bereichen konnte geradezu eine »Massennachfrage« entwickelt werden (z.B. das Skilaufen durch Ausbau der entsprechenden Infrastruktur oder das Filmen durch technische Innovationen wie Videokameras bzw. Camcordern). Schließlich stellen größere und besser ausgestattete Wohnungen sowie die wachsende Zahl von Eigenheimen ein Einfallstor für relativ »teure« kommerzielle Angebote zur häuslichen Freizeitgestaltung dar. Diese reichen von der Haustierhaltung über Fitneßgeräte bis hin zum Material/Zubehör für diverse Hobbies (vgl. IfF 1987, Bd. 2 und 3).

Anbieterstrategien, die (latente) Bedürfnisse der Konsumenten hinsichtlich ihrer Freizeitgestaltung zu befriedigen versprechen, werden in Zukunft die subjektive Wohlfahrt der Haushalte voraussichtlich noch stärker an die Geldverausgabung *und* die finanziellen Möglichkeiten zum Freizeitkonsum binden. Dabei sind die Haushalte im Vorteil, die aktuell größere Einkommensanteile zur freien Verfügung haben (vgl. Bakker 1987). Wegen der »Sichtbarkeit« und des hohen »sozialen Tauschwerts« solcher geldverausgabenden Freizeitaktivitäten fungieren diese privilegierten Haushalte als *Konsumvorbilder* und verschärfen den *positionalen Wetttbewerb,* d.h. die Wohlfahrtsproduktivität von Geld steigt mit fortschreitender Individualisierung allein schon durch die je unterschiedlichen *relativen* Möglichkeiten zum Freizeitkonsum.

Wachsende Kapitalkosten der Lebensführung

Weiter oben (S. 42ff.) wurde bereits gezeigt, daß mit der noch immer weitergehenden Verringerung der Zahl der Mitglieder pro Haushalt die alltägliche Haushaltsarbeit wegen des negativen Skaleneffekts immer »unproduktiver« wird. Zugleich bedeuten diese »diseconomies of small scale«, daß die Haushaltsführung immer »teurer« wird. Geld wird hier zunehmend wohlfahrtsrelevanter, denn jeder Einpersonen-Haushalt ist zur selbständigen Haushaltsführung auf ein Minimum an Ausstattung mit langlebigen Gebrauchsgütern angewiesen (von den pro Kopf höheren Gemeinkosten der Haushaltsführung - u.a. Grundgebühren für Telefon, Energie, Rundfunk - einmal ganz abgesehen). Die durchschnittliche Verkleinerung der Haushalte hat also den *Struktureffekt* einer Steigerung der Kosten der Haushaltsführung pro Kopf.

Zugleich sind *Qualitätseffekte* zu beobachten: Bei günstigem »Konsumklima« werden langlebige Gebrauchsgüter häufig schon weit vor ihrem physischen

Verschleiß ersetzt oder um »verbesserte« Produkte für den gleichen Funktionsbereich ergänzt. Solche »verbesserten« Produkte, selbst wenn sie nur scheinbar oder in marginalem Umfang höhere Qualität, mehr Komfort oder größere Zeitersparnis versprechen, wirken *wie* neue Güter und heben den Grenznutzen des Einkommens tendenziell (immer wieder) an.[66] Gerade auf der Basis einer vorhandenen (Erst-)Ausstattung ergeben sich im Qualitäts- und Innovationswettbewerb der Anbieter vielfältige Chancen für ein sog. »trading up«, das den Bedürfnissen der Haushalte nach Entfaltung eines differenzierenden und individualisierten Konsumstils entgegenkommt. Nachdem der Grundnutzen durch Besitz oder Verwendung bestimmter uniformer Massenprodukte weitgehend befriedigt ist, richtet sich die Nachfrage zunehmend auf (teurere) »Marken« und Unikate, die Individualität und Stilbesonderheiten symbolisieren und kultivieren:

»The new heroes of consumer culture make lifestyle a life project and display their individuality and sense of style in the particularlity of the assemblage of goods, clothes, practices, experiences, appearance and bodily dispositions they design together into a lifestyle« (Featherstone 1987: 59).

Aus der empirischen Beobachtung von Konsumstrukturen und der nach Einkommensklassen unterschiedlichen »Qualität« verwendeter funktionsgleicher oder -ähnlicher Produkte zieht Döhrn (1985: 135) den Schluß, »daß der einzelne Haushalt ausreichend neue Konsummöglichkeiten findet, sofern sein Einkommen steigt« (vgl. auch Hertel 1987: 883ff.).

Aber Geld benötigt man nicht allein für den *Erwerb* der Gebrauchsgüter. Funktionsstörungen oder periodisch wiederkehrende Wartungsarbeiten von technisch avancierten Produkten lassen sich in zunehmendem Maße nicht vom Verbraucher selbst beheben bzw. erledigen, oder manche (Klein-)Geräte sind überhaupt nicht »reparabel« und verlangen unmittelbar eine Ersatzbeschaffung (*Mengeneffekt*). Ob die Notwendigkeit zur Inanspruchnahme professioneller Reparatur- oder Wartungsdienstleistungen gewissermaßen durch die »Natur« dieser Gebrauchsgüter bedingt ist (z.B. elektronische Steuerungsanlagen, wie sie zunehmend in Automobilen oder Zentralheizungsanlagen Verwendung finden) oder gezielte Anbieterstrategien (im Interesse von Vertragswerkstätten und z.T.

---

66 Ein Beispiel dafür sind die CD-Abspielgeräte, die in einer rasant gewachsenen Zahl von Haushalten zusätzlich zu konventionellen (und meistens noch intakten) Plattenspielern verwendet werden, obwohl das Prinzip – Abspielen von vorgefertigten Tonträgern – unverändert ist. Die bessere »Wiedergabequalität« und der Wunsch, die »technisch fortgeschrittensten« Geräte zu besitzen, sind wohl die tragenden Kaufmotive und entscheidend für den Nutzengewinn.

mit Verweis auf Sicherheitserfordernisse oder Garantieansprüche) die Möglichkeiten zur Reparatur und Instandhaltung in Eigenarbeit reduzieren, sei dahingestellt. Entscheidend ist, daß mit dem Umfang der Ausstattung an langlebigen Gebrauchsgütern die Abhängigkeit von weiterer Geldverausgabung steigt, um den Wohlfahrtswert, der mit der kontinuierlichen Verwendung dieser Güter verbunden ist, zu stabilisieren.

Allerdings gilt die eben beschriebene Tendenz nicht durchgängig. Es finden sich im Gegenteil zahlreiche Betätigungsfelder für Eigenarbeit (gerade im Wohnungsbau- und Wohnungsrenovierungsbereich), die durch entsprechende Anbieterstrategien erst für »Laien« erschlossen wurden. Aber die Möglichkeit der Haushalte, durch Ausgabenersparnissse gegenüber der Nutzung kommerzieller Anbieter z.T. beträchtliche Wohlfahrtsgewinne erzielen zu können, ist wiederum abhängig von Geldressourcen (vgl. Pahl 1988: 251 und 255): Man benötigt Geld zur Investition in eine Geräteausstattung, mit der man dann Geld sparen kann. Mit der Quantität und Qualität der Ausrüstung steigen zugleich die Chancen, in informellen Austauschbeziehungen zu zusätzlich benötigten Ausrüstungsgegenständen (und den Hilfeleistungen anderer) Zugang zu erhalten, um auf diese Weise weitere Ausgaben einzusparen.

»Alte« und »neue« Netzwerke begrenzen den Anstieg der Geldabhängigkeit

In der Diskussion um »Individualisierung« wird gesagt, daß die Enttraditionalisierung industriegesellschaftlicher Lebensformen einhergeht mit Prozessen gesteigerter *sozialer* Mobilität. Es klingt aber gleichfalls an, daß damit eine Erhöhung der *regionalen* Mobilität verbunden ist (so bei Beck 1986: 125f. und 138): Individualisierungsschübe bedeuten eine Herauslösung u.a. aus Familien- und Nachbarschaftsbindungen. Dichte sozialräumliche Milieus werden von »sehr viel lockeren Nachbarschafts- und Bekanntschaftsverhältnissen« mit »ihrer typischen gemischt-sozialen Zusammensetzung« abgelöst, und die (neu) »entstehenden Sozialbeziehungen und Kontaktnetze müssen nun *individuell* selegiert, hergestellt und erhalten werden« (ebd.: 138). Wenn vorgegebene Bindungen seltener werden, müssen die um ihres Wohlfahrtspotentials gesuchten Kontaktnetze zeitaufwendig konstituiert werden - und dies umso häufiger, je höher die regionale Mobilität ist. Wo es nicht gelingt, Anschluß an solche Beziehungen zu finden oder die Leistungskapazität dieser Netzwerke wegen der Instabilität der

Mitgliedschaft gering bleibt, ergibt sich die Notwendigkeit, auftretende Bedarfslagen individuell durch Nutzung von Marktangeboten auszugleichen. Die Angewiesenheit auf eigene Geldmittel verschärft sich dann, wenn kollektiv finanzierte Leistungen als Alternative nicht vorhanden oder defizitär sind.

Gäbe es auf der anderen Seite nicht gewisse Restbestände an einigermaßen stabiler Gemeinschaftlichkeit, dann wären auch die Voraussetzungen für neuartige Bedarfsausgleichssysteme oberhalb des Individualhaushalts äußerst ungünstig. Gegenüber einer allzu stark generalisierenden Hypothese von der wachsenden Geldabhängigkeit der Lebensführung aufgrund gestiegener räumlicher Mobilität ist zunächst das Faktum anzuführen, daß die regionale Mobilität - hier verstanden als Binnenwanderung über die Gemeindegrenzen hinweg - in der Vergangenheit nicht *zu-*, sondern *abgenommen* hat: 1955 waren 64,5 Wanderungsfälle pro 1.000 der Bevölkerung zu verzeichnen; 1970 waren es noch 48,1 und 1986 nurmehr 41,5 (vgl. StBA 1955: 3; Proebsting/Fleischer 1987: 615). Umzüge innerhalb der Gemeindegrenzen sind hier nicht berücksichtigt, und ebenso ist nicht quantifizierbar, inwieweit Gemeindegebietsreformen die Abnahme der (erfaßten) Binnenwanderungsfälle beeinflußt hat (nach Meinung von Proebsting/Fleischer [1987: 615] nicht wesentlich). Für die größere »Immobilität« lassen sich (mindestens) zwei plausible Erklärungen anführen: (a) Die zunehmende Verbreitung von Wohneigentum fördert die »Standorttreue« und führt gewiß auch häufig dazu, daß Chancen zur Verbesserung der eigenen Arbeitsmarktsituation ausgeschlagen werden. (b) Wenn aufgrund der Zunahme der Haushalte des Typs IIIa/b bei einem Umzug zunehmend *zwei* neue Arbeitsplätze gefunden werden müssen, stärkt dies - auch unabhängig von ggf. vorhandenem Wohneigentum - die Bereitschaft zum Verbleib.

Wenngleich die *objektive* Angewiesenheit auf räumlich vorgegebene Bedingungen gesunken ist (durch Autobesitz, Telefon, Eigenbesitz an Gebrauchsgütern zur Haushaltsführung) und Wandlungen der Lebensführung weniger durch dauerhafte Standortentscheidungen behindert werden, so ist aber auch zwischen 1953 und 1985 die *subjektive* Bindung an lokale soziale Kontaktnetze gewachsen (Nachbarschaft, Freundes-/Bekanntenkreis) oder zumindest konstant geblieben (Verwandtschaft). Nach Gemeindegröße betrachtet sind zu beiden Zeitpunkten deutliche Differenzen in der lokalen Bindung festzustellen. Nachbarschaftliche Bindungen haben sich jedoch gerade in Klein- *und* Großstädten verstärkt - insbesondere gefördert durch die zunehmende Verbreitung von Wohneigentum (vgl. Datenreport 1985: 457; Böltken 1987a; Piel 1987: 15). Ob die zunehmende Bedeutung »kleiner Netze« nun als ein Aspekt des »Rückzugs ins Private« - bedingt durch »die Angst vor einer immer komplizierter, unüberschaubarer und bedrohlicher, immer inhumaner anmutenden Wirklichkeit« (Piel 1987: 9) - erklärt und mit demoskopischen Ergebnissen untermauert wird, oder ob in dem ständigen Oszillieren der gesellschaftlichen Orientierung zwischen »Öffentlichem« und »Privaten« gegenwärtig die private Wohlfahrtsorientierung die Oberhand hat (vgl. Hirschman 1982), ist hier einigermaßen unerheblich.

Entscheidend ist jedoch, daß der größte Teil der privaten Haushalte Verwandte im räumlichen Nahbereich wohnen hat, die auch eine soziale »Ressource« darstellen, als sie für alltägliche Hilfen und besondere Probleme zur Verfügung stehen (in kleineren Gemeinden nicht nennenswert häufiger als in Großstädten - vgl. Böltken 1987b; Niessen/Ollmann 1987: 142; Lüschen 1988; Diewald 1986). Deshalb ist die Aussage von Jessen et al. (1988: 79), »Märchenkassetten ersetzen die Oma«, nur bedingt richtig, eher *ergänzen* sie die Betreuung durch die Großmütter. Denn »es hat noch nie so viele Großeltern und Urgroßeltern gegeben wie jetzt« (Lüschen 1988: 149) - bedingt durch die mit der Lebenserwartung gestiegene intergenerationelle (»vertikale«) Ausdehnung des Verwandtschaftssystems[67] -, und diese Groß- und Urgroßeltern leben vielfach »um die Ecke«, helfen in beträchtlichem Umfang im Haushalt ihrer Kinder mit und betreuen deren Kinder. So wurden Mitte der siebziger Jahre 46 Prozent der Kinder bis zum dritten Lebensjahr, deren Mütter erwerbstätig war, von Großmüttern versorgt und ermöglichten auf diese Weise die Berufstätigkeit der Töchter bzw. Schwiegertöchter (vgl. Familienbericht 1986: 84f.). 1984 haben fast 17 Prozent der Haushalte an der Beaufsichtigung von Kindern der Verwandtschaft außerhalb des eigenen Haushalts mitgewirkt (vgl. Datenreport 1985: 458). (Groß-)Eltern erbringen aber auch darüber hinaus vielfältige (materielle und immaterielle) Unterstützungsleistungen - insbesondere für »junge Familien« (vgl. Köcher 1988: 27; Stadié 1987: 94 und 111).

Umgekehrt sind auch die »Alten« nicht *generell* einsam und isoliert, und wo soziale Kontakte existieren, haben auch gesundheitliche Beeinträchtigungen überwiegend keinen gravierenden Einfluß auf ihre Lebenszufriedenheit (vgl. Zapf et al. 1987b: 78ff.; Lehr 1988). Ebenso ist eine Gleichsetzung »alt = pflegebedürftig« nur sehr bedingt richtig, wenngleich es außer Frage steht, daß der Anteil der kranken und pflegebedürftigen Personen mit dem Lebensalter (insbesondere ab etwa dem 70. Lebensjahr) ansteigt und Problemkumulationen zunehmen (vgl. Datenreport 1985: 488ff.; Lehr 1988: 39; Kern 1989). Aber auch wenn mit zunehmendem Alter der Anteil der Personen, die sich in medi-

---

67 Durch die demographische Entwicklung (hier: Tendenz zu Ein-/Zwei-Kind[er]-Familie) wird in Zukunft das Verwandtschaftssystem in der »horizontalen« Dimension schrumpfen. Schon jetzt haben Kinder weniger (als früher) Onkel, Tanten, Vettern und Kusinen. In welchem Umfang »Freunde als Quasi-Verwandte« (Lüschen 1988: 159ff.) als »Ersatz« für reduzierte familiale Solidarleistungen aufgewertet werden, muß offen bleiben (vgl. Böltken 1987b: 549).

zinischer Behandlung befinden oder die unter chronischen Krankheiten leiden, steigt, bedeutet dies keineswegs immer, daß sie zugleich *pflegebedürftig* sind. Schließlich verbergen sich hinter dem Begriff »Pflegebedürftigkeit« ganz unterschiedliche Grade der Angewiesenheit auf die Hilfe anderer bei der Verrichtung alltäglicher Lebensvollzüge. Fremde Hilfe mag nur sporadisch notwendig sein für die Erledigung von Behördengängen, Gartenarbeit oder Einkäufen; es kann aber auch eine Versorgung dauerhaft bettlägriger Personen »rund um die Uhr« und damit eine ständige Präsenz von Pflegepersonen erforderlich sein. Deshalb gibt es über den absoluten Umfang der pflege- und betreuungsbedürftigen Personen nach wie vor nur grobe (und nicht unumstrittene) Anhaltspunkte (vgl. u.a. Datenreport 1985: 438; Thiede 1986: 123ff.; Lehr 1987; Kruse/Wilbers 1987: 190ff.). Nach dem Sozio-ökonomischen Panel (1984) waren es 4,2 Prozent der Bevölkerung; etwa 80 Prozent der in unterschiedlichem Ausmaß auf Hilfe angewiesenen Personen waren über 65 Jahre alt (vgl. Thiede 1988: 251f.). Es kann als sicher gelten, daß die übergroße Mehrheit der pflegebedürftigen (alten) Personen in Privathaushalten lebt (ca. 90 Prozent - vgl. Familienbericht 1986: 26). Heimversorgung scheint regelmäßig nur die »letzte« Alternative gegenüber der präferierten und so lang wie irgend möglich aufrechterhaltenen »unabhängigen Lebensführung« im eigenen Haushalt darzustellen (vgl. ebd.: 20 und 89), und der Verbleib in der eigenen Wohnung wird zumeist auch dem Einzug in den Haushalt der Kinder vorgezogen.[68] Überwiegend werden pflegebedürftige Personen von den Ehepartnern versorgt oder von den Töchtern bzw. Schwiegertöchtern - entweder im gleichen Haushalt oder haushaltsextern (Thiede 1988: 252).[69]

Breite Übereinstimmung besteht darin, daß die langfristige Betreuung Hilfebedürftiger regelmäßig zur Überlastung bei den betreuenden Personen (d.h. fast immer: *Frauen*) führt, wodurch nicht nur die Stabilität des gesamten Familiensystems bedroht wird. Langjährige physische und psychische Beanspruchung der Betreuungspersonen legt darüber hinaus vielfach den Grundstein für deren

68 Nach Angaben von Glatzer (1984: 374f.) hatten 1980 knapp 6 Prozent der Haushalte nahe Verwandte, die in einem Heim oder einer Pflegeeinrichtung lebten (basierend auf Daten des Wohlfahrtssurveys).

69 Nach einer baden-württembergischen Untersuchung pflegen 10 Prozent der Bevölkerung von 14 bis 65 Jahren alte oder pflegebedürftige Familienangehörige, und 6 Prozent haben betreuungsbedürftige Personen im eigenen Haushalt aufgenommen (vgl. Köcher 1988: 28f.). Bedeutsam dafür scheint auch zu sein, inwieweit dichte und harmonische Familienbeziehungen schon vorher bestanden, denn in kritischen Lebenssituationen (wie Pflegebedürftigkeit oder auch Arbeitslosigkeit) werden bis dahin latente Resentiments aufgedeckt oder affektive Bindungen verstärkt (vgl. Articus/Karolus 1985; Qureshi/Simons 1987; McKee 1987).

eigene Pflegebedürftigkeit (vgl. Articus/Karolus 1985; Heinze et al. 1988: 117ff.). Zu solchen Überdehnungen des Hilfepotentials - mit entsprechenden Rückwirkungen auf die »Qualität« der informellen Hilfen - kommt es insbesondere, wenn neben der subjektiven Verpflichtung zur Hilfe im Familienverband noch andere unabweisbare zeitliche Verpflichtungen (z.B. Berufstätigkeit oder die Versorgung von Kleinkindern) hinzukommen (vgl. Diewald 1986: 75; s. auch Qureshi/Simons 1987). Die Absorption großer Zeitkontingente für die Betreuung hilfebedürftiger Personen im eigenen oder fremden Haushalt zeigt sich auch daran, daß diese Haushalte wegen objektiver Leistungsgrenzen deutlich weniger Eigenarbeit in anderen (güterbezogenen) Bereichen verrichten (Glatzer 1986: 376).

Es wurde oben festgestellt, daß offensichtlich *nachbarschaftliche* Bindungen gewachsen sind und Austauschbeziehungen verstärkt wurden. Jedoch begründet immer weniger die »Gemeinsamkeit einer Interessenlage« (Weber 1972: 215) *Nachbarschaft* als eine auf räumlicher Nähe basierende dauerhafte Einrichtung wechselseitiger Aushilfe - ungeachtet der emotionalen Verbundenheit. Wohl ist der Nachbar häufig genug noch »der typische Nothelfer« (ebd.: 216), aber die Entwicklung der Verkehrs- und Kommunikationstechnik, die die räumliche Immobilität begünstigt hat (s.o.), hat zugleich das Ausmaß des »Aufeinanderangewiesensein(s) in der Not« (ebd.: 216) vermindert und die normative Verpflichtung zum nachbarschaftlichen Helfen herabgesetzt (vgl. Pfeil 1963: 49ff.[70]). Wo auf die »Innehaltung möglichster *Distanz*« (Weber 1972: 216) und Privatheit verzichtet wird und nachbarschaftliche Austauschverhältnisse entstehen, sind diese zunehmend selektiv und interaktiv *hergestellt*.

In nachbarschaftlichen Netzwerkbeziehungen dominieren güterbezogene Leistungen regelmäßig gegenüber personenbezogenen Hilfen. Bei schwerwiegenden und dauerhaften Problemen werden an Nachbarn weniger hohe Hilfeerwartungen gestellt als an die Familie oder an Freunde, deren personenbezogene Hilfeleistungen umfangmäßig zwischen denen von Verwandten und Nachbarn liegt (vgl. Glatzer 1984: 378; Diewald 1986; Niessen/Ollmann 1987: 165; Piel 1987:

70 Vgl. dort auch zu den Ernüchterungen, die dem Scheitern von Modellen geplanter (oder »forcierter«) Nachbarschaft folgten (s. auch Bertels 1987 zu den Nachbarschaftsbeziehungen in einer Neubausiedlung). - Deshalb gibt es offensichtlich auch Grenzen für das dauerhafte Funktionieren von überhaushaltlichen Bedarfsausgleichssystemen, die konzeptionell so angelegt sind, daß auf normative »Unterfütterung« oder emotionale Verbundenheit weitgehend verzichtet wird. Denn es scheint - wie Weber (1924: 504) bemerkte (und fast alle Versuche der Organisierung von Konsumteninteressen zeigten) -, daß »es außerordentlich schwer (ist), Leute, die weiter nichts miteinander gemeinsam haben, als daß sie eben einkaufen oder sich versorgen wollen, zusammenzuschließen.«

15; Böltken 1987b: 549). Nachbarn treten eher fallweise und mit geringerem Zeitaufwand als Hilfeleistende auf (erledigen Besorgungen und kleinere Arbeiten im Haushalt). Als Betreuungspersonen bei älteren Pflegebedürftigten spielen Freunde, Bekannte und Nachbarn nur eine relativ unbedeutende Rolle (vgl. Thiede 1988: 252).

Zusammengenommen heißt das, daß informelle Netzwerke von Verwandten und Nachbarn (und Freunden) personenbezogene Leistungen für einen großen Teil der Bevölkerung zur Verfügung stellen, die die – z.T. über die Leistungsgrenzen der bedürftigen Haushalte hinausgehenden – Selbsthilfebemühungen ergänzen und somit sozialstaatliche Leistungssysteme jedenfalls in dem Falle entlasten, daß diese überhaupt äquivalente Hilfen anbieten (können). Aber ganz offensichtlich ist, »daß die personellen und sozialen Selbsthilfemöglichkeiten weitgehend ausgeschöpft« (Blosser-Reisen 1988: 165) bzw. noch ungenutzte Selbsthilfepotentiale (in Gesundheitsbelangen) nur sehr schwer zu aktivieren sind (vgl. Grunow 1987: 256ff.). Dennoch kompensieren und überbrücken diese Netzwerkbeziehungen bereits gegenwärtig die Leistungsschwächen der Haushalte und die Defizite wohlfahrtsstaatlicher Leistungssysteme längst nicht vollständig: Insbesondere (ältere) Einpersonen-Haushalte mit niedrigem Einkommen (typisch: die pflegebedürftige alleinlebende Arbeiter-Witwe) bleiben eher unterversorgt (vgl. auch Kerber 1986).

Solche Defizite dürften in Zukunft eher zunehmen: Zum einen wird wegen des veränderten Altersaufbaus der Bevölkerung die Zahl pflegebedürftiger Personen ansteigen – allerdings wohl nicht proportional, denn wie der Gesundheitszustand der heute 70- oder 80-jährigen durchschnittlich deutlich besser ist als der von Gleichaltrigen vor dreißig oder fünfzig Jahren, so ist es nicht unangemessen anzunehmen, daß Pflegebedürftigkeit auch in der künftigen Altenpopulation ein geringeres Risiko darstellen wird. Diese Erwartung dürfte umso eher eintreffen, je erfolgreicher Strategien zur Kompetenzerhaltung und -entfaltung im Alter betrieben und Hinfälligkeit entsprechend vermieden wird (vgl. Lehr 1987: 882). Zum anderen aber werden die Zahl der »pflegefähigen« Personen und die für solche (dauerhaften) Hilfeleistungen geeigneten Haushalts- bzw. Verwandtschaftskonstellationen abnehmen: Während – wie oben gesagt – die gegenwärtig älteren Personen im Bedarfsfall vielfach noch auf die Hilfe durch mehrere in der Nähe wohnender Kinder zurückgreifen können, werden in Zukunft – bedingt durch die rückläufige Zahl von Geburten pro Familie – immer weniger und zunehmend überhaupt keine Kinder (oder auch Enkelkinder) für entsprechende Leistungen zur Verfügung stehen; und das Hilfepotential familialer Netzwerke wird nochmals dadurch schrumpfen, daß die gegenwärtig für die Pflege von Angehörigen außerhalb des eigenen Haushalts hauptsächlich verantwortlichen Töchter bzw. Schwiegertöchter immer häufiger in Erwerbsarbeitsverhältnisse eingebunden und deshalb nur begrenzt zur Hilfeleistung imstande sind. Weiterhin werden die gewachsene Scheidungshäufigkeit (bei sinkender Wiederverheiratungsquote) und der steigende Anteil von nie verheiratet gewesenen Personen voraussichtlich dazu führen, daß immer mehr Personen im Alter allein leben und ohne potentielle Hilfe durch Ehegatten auskommen müssen. Dies werden überwiegend Frauen sein, weil sie wegen ihrer durchschnittlich höheren Lebenserwartung auch weiterhin die deutliche Mehrheit der verwitweten Personen ausmachen werden.

Insoweit werden die am Beginn dieses Abschnitts genannten Folgen fortschreitender Individualisierung und der Pluralisierung von Lebensverhältnissen sich dahingehend auswirken, daß eine zunehmende Zahl von Personen nicht auf zureichende Unterstützungsleistungen und Einbindung in verwandtschaftliche Netzwerke rechnen kann. Ob diese manifesten Bedarfe durch neuartige Systeme des Bedarfsausgleichs zumindest z.T. befriedigt werden können, erscheint einigermaßen fraglich. Dagegen spricht einmal, daß diese wenig leistungsfähigen Haushalte, die zur Selbstversorgung gerade *nicht* in der Lage sind, regelmäßig nur wenig *eigene* Leistungen - gleich welcher Art - in Austauschbeziehungen einbringen können. Zum anderen - und das indiziert eine dilemmatische Entwicklung - nennt das Drittel der Pflegehaushalte, das *zusätzliche* Hilfe für erforderlich hält, vor allem institutionelle und professionelle Helfer (bezahlte Fachkräfte, Gemeindeschwestern, Sozialhelfer o.ä.). Nach den Vorstellungen der von Pflegebedürftigkeit betroffenen Personen und der mit ihnen zusammenlebenden Personen kommt die Aktivierung zusätzlicher Hilfeleistungen durch Freunde, Bekannte und Nachbarn kaum in Betracht (vgl. Thiede 1988: 252). Wenngleich im Einzelfall nachbarschaftliche Hilfe bei Pflegebedürftigkeit eine sinnvolle Ergänzung oder Alternative darstellen mag, so ist nach Thiede (1988: 252 und 255) die stärkere Einbeziehung informeller sozialer Netze keine geeignete Strategie, weil sie weder einen quantitativ bedeutsamen Beitrag zur Lösung des Pflegeproblems versprechen kann, noch den Präferenzen der Pflegebedürftigen nahekommt. Neben der Sorge, die Balance von Geben und Nehmen nicht aufrechterhalten zu können (gerade bei dauerhaftem Angewiesensein auf Hilfe), ist ein entscheidender Grund dafür sicherlich ihre Furcht, daß Helfer aus dem räumlichen Nahbereich zu sehr in die Intimsphäre (»privacy«) eindringen und dabei unkontrolliert Informationen erlangen, die »Klatsch und Tratsch« nach sich ziehen (könnten) oder dahingehend eine Gefahr darstellen, daß irgendwelche Unregelmäßigkeiten den Behörden angezeigt werden. Größeres Vertrauen und weniger Vorbehalte werden engen Verwandten, gleichartig Betroffenen und professionellen Helfern entgegengebracht (vgl. Bulmer 1987).[71] Professionelle (ambulante) Pflegedienste, deren Ausbau von den Betroffenen gewünscht wird, sind aber genau deshalb unzulänglich, weil hier dramatische *Preiseffekte* im oben definierten Sinne eine entscheidende Rolle spielen.

71 Das »Distanzproblem« kennen auch die freiwilligen Helfer, die in Einrichtungen *organisierter Nachbarschaftshilfe* (z.B. als mehr oder minder formal institutionalisierte Ableger von Kirchengemeinden oder anderen karitativen Organisationen) mitarbeiten (vgl. Nokielski 1981: 145), wenngleich dort die Hilfeleistung nicht auf wechselseitiger Verpflichtung basiert, sondern die Hilfebeziehung in der Regel durch Zahlung eines (überwiegend nicht marktgerechten) Geldbetrages durch den Hilfeempfänger strukturiert ist. Es mag durchaus sein, daß auch das »Distanzproblem« zum offensichtlichen Aufschwung von Selbsthilfegruppen beitragen hat, weil hier die Interaktion der Mitglieder problemspezifisch fokussiert ist und gerade aus der Versammlung gleichartig Betroffener so etwas wie »Skalen-Gewinne« erwachsen.

6. Schlußfolgerungen

Die vorangegangenen Ausführungen haben gezeigt, daß sämtliche in der Übersicht 1 (s.o., S. 10) enthaltenen Tendenzaussagen relativierungs- und differenzierungsbedürftig sind. Nicht für alle Haushalte und zu jeder Zeit ihres Bestehens hat eine gegenläufige Entwicklung der Verfügbarkeit der Ressourcen »Geld« und »Zeit« stattgefunden bzw. wird dies in der Zukunft zu erwarten sein. Ebenso kann nicht generell eine Abnahme der Wohlfahrtsproduktivität von »Zeit« unterstellt werden. Am ehesten ist noch die Hypothese einer steigenden Geldabhängigkeit der Wohlfahrt von privaten Haushalten für alle Haushalte zutreffend. Aus diesen im sozialen Querschnitt wie im »haushaltsbiographischen« Längsschnitt differenzierten Wohlfahrtskonstellationen für die verschiedenen Haushaltstypen ergeben sich erhebliche Probleme, durch neuartige Bedarfsausgleichssysteme die Wohlfahrt der Privathaushalte zu verbessern. So dürften solche zwischenhaushaltlichen Bedarfsausgleichsysteme, etwa nach dem Modell »Kooperationsring« (s.o., S. 12f.), u.a. vor der Schwierigkeit stehen, unterschiedlich leistungsfähige und leistungsbedürftige Haushalte zum allseitigen Vorteil durch den Austausch von nicht-marktorientierten produktiven Leistungen zusammenzuschließen.

Auf einer ordinalen Skala lassen sich empirisch drei Gruppen von Haushalten lokalisieren: An deren »oberem« Ende finden sich solche Haushalte, die über genügend Geldressourcen verfügen, um auch bei einer zunehmend geldabhängigeren Lebensweise keine Wohlfahrtseinbußen zu erleiden. Diese privilegierte Geldausstattung gilt nicht nur aktuell, sondern kann hier überwiegend auch für die Zukunft antizipiert werden. Für sie ist eine Einbindung in soziale Netzwerke im Einzelfall gewiß nützlich, aber grundsätzlich nicht besonders wohlfahrtsrelevant.[72] Diese Haushalte dürften deshalb nur wenig motiviert sein, zusätzliche produktive Leistungen im Austausch gegen andere, nicht-marktbestimmte Leistungen zu erbringen. Es kann angenommen werden, daß bei ihnen eher die Präferenz besteht, ihre relatv knappen »frei« verfügbaren Zeitkontingente für Aktivitäten zu verwenden, die ausschließlich oder dominant Prozeßnutzen stiften.

Quantitativ wesentlich umfänglicher ist eine zweite, »mittlere« Gruppe von (Mehrpersonen-)Haushalten mit geringerem, aber nicht deutlich unterdurchschnittlichem Haushaltseinkommen, jedoch größeren »freien« Zeitkontingenten und hohem aktiven Engagement in der Haushaltsproduktion, wobei fallweise der Produkt- oder der Prozeßnutzen dominiert. Das starke Eigenarbeitsengagement wird dadurch begünstigt, daß sie in verschiedene soziale Netzwerke und Austauschbeziehungen dauerhaft involviert sind (Kontakte über ein stabiles Erwerbsarbeitsverhältnis für mindestens ein Haushaltsmitglied, Nachbarschaft zu anderen Eigenheimbesitzern, intakte verwandtschaftliche Hilfebeziehungen) und selbst über zureichende individuelle Voraussetzungen (anderweitig verwendbare berufliche Kenntnisse, keine alters-/krankheitsbedingten Defizite) und »assets« wie ein hohes Ausstattungsniveau (Eigenheimbesitz, langlebige Gebrauchsgüter) verfügen, damit aber auch bestimmte Bedarfslagen verbunden sind (Wohnungsrenovierung/-umbau, Reparaturbedarf an verschiedenen Gebrauchsgütern, Kinderbetreuung). Zugleich ergeben sich aus dieser Konstellation heraus vielfältige Chancen für einen *horizontalen* Austausch unterschiedlicher Leistungen, die auch entsprechend genutzt werden und – insbesondere während bestimmter Phasen des Familienzyklus – ein relevantes Komplement zur Wohlfahrtsgenerierung durch Erwerbsarbeit darstellen. Pahl (1988: 252) bezeichnet sie zutreffend

---

72 Es mag dahingestellt bleiben, ob die Ergebnisse einer in Nordkalifornien durchgeführten Erhebung ohne weiteres auf die Bundesrepublik übertragbar sind, sie zeigen jedenfalls, daß die Netzwerkbeziehungen umso umfänglicher sind und umso weniger aus Verwandtschaftsbeziehungen bestehen, je »urbaner« der Wohnort, je höher die Bildung und das Einkommen des/der Befragten und je jünger sie sind. Auf der anderen Seite haben die »Armen« bzw. die älteren (männlichen) Befragten aus unteren Schichten nicht nur weniger Freunde, auch ihre Verwandtschaftsbeziehungen sind eingeschränkter (vgl. Fischer 1982: 137 und 251ff.). Wenngleich Fischer (1982: 252) feststellt, daß mit dem Einkommen der Anteil nicht-verwandter Personen in den Netzwerkbeziehungen zunimmt und die Erwartungssicherheit wächst, praktische Hilfe und »companionable support« zu erhalten, so ist doch fraglich, ob der Austausch von Eigenarbeitsleistungen, wie sie hier behandelt wurden, den Schwerpunkt der Netzwerkbeziehungen von nicht miteinander verwandten Angehörigen der (oberen) Mittelschicht bildet, merkt er doch auch an (vgl. ebd.: 132ff.), daß Pflegeleistungen und Hilfen in »Krisen« fast ausschließlich im verwandtschaftlichen Netzwerk erbracht werden. Die praktische Hilfe mag eher darin bestehen, z.B. über ein umfängliches und »diversifiziertes« Netzwerk (ungefragt) Informationen und Angebote für eine berufliche Verbesserung zu erhalten, während für (arbeitslose) Personen mit einem eingeschränkteren Kontaktnetz weniger Möglichkeiten bestehen, auf diesem Wege überhaupt (wieder) einen Arbeitsplatz zu finden, sich also im positiven Zusammenhang von sozialer Positionierung und Netzwerkgröße bzw. -qualität ein weiteres Moment kumulativer sozialer Ungleichheit manifestiert (vgl. auch Flap/Tazelaar 1988).

als »working-rich households«. Die Austauschbeziehungen mit anderen Haushalten richten sich vorwiegend auf güterbezogene Leistungen; personenbezogene Leistungen haben regelmäßig ein geringeres Gewicht, obwohl in verwandtschaftlichen Netzwerken auch ein intertemporaler (d.h. auch: intergenerationeller) Austausch von personenbezogenen Leistungen (z.B. Pflege und Betreuung) in erheblichem Umfang stattfindet. Durch sich verändernde Verwandtschafts- und Haushaltskonstellationen wird der Beitrag verwandtschaftlicher Netzwerke zur Bedarfsdeckung in Zukunft aber wohl abnehmen. Neuartige Bedarfsausgleichssysteme könnten jedoch im Bereich der güterbezogenen Leistungen den zwischenhaushaltlichen Austausch intensivieren helfen, z.B. wenn größere Transparenz über Angebotspotentiale im räumlichen Nahbereich hergestellt würde und zugleich institutionelle Arrangements bestünden, durch die die unausgeschöpften Angebotspotentiale und die manifesten Bedarfslagen ausgeglichen werden könnten. In diesen Haushalten, wo die Voraussetzungen für extensive wohlfahrtssteigernde Eigenarbeit ohnehin schon günstig sind, könnten so weitere Wohlfahrtsgewinne erzielt werden.

Schließlich läßt sich empirisch eine dritte Gruppe von Haushalten identifizieren, für die die hypothetisch formulierten Entwicklungsannahmen faktisch weitgehend zutreffen dürften und die deshalb gegenwärtig und künftig Wohlfahrtseinbußen erleiden. Hier bestehen z.T. große Bedarfe, die weder von den wohlfahrtsstaatlichen Leistungssystemen gedeckt werden, noch mit den (zeitweise oder dauerhaft) unzureichenden eigenen Geldressourcen am Markt zu befriedigen sind. Obwohl sie überwiegend über große »freie« Zeitkontingente verfügen können, sind die Voraussetzungen dieser Haushalte recht ungünstig, die Defizite durch vorhandene Netzwerkbeziehungen auszugleichen. Denn in den sozialräumlichen Milieus, in denen sich diese Haushalte befinden, sind die Netzwerkbeziehungen nicht nur geringer, auch die Leistungskapazitäten sind wegen des Wohnumfeldes (Mietwohnungen), des Alters bzw. Gesundheitszustandes der Haushaltsmitglieder und des materiellen Ausstattungsniveaus (Fehlen entsprechender Haushaltstechnologien) begrenzter. Weil sie deshalb auch in neuartige Bedarfsausgleichssysteme oberhalb des Einzelhaushalts nur wenig produktive Leistungen einbringen könnten, dürfte sich ihre Wohlfahrtsposition durch Bemühungen um Einbindung in solche institutionellen Arrangements nur wenig verbessern lassen. Denn auch hier findet nur eine horizontale, jedoch keine *vertikale* Umverteilung statt. Sie sind deshalb nur begrenzt an die »Mittelgruppe« mit den größeren Leistungskapazitäten anschließbar (vgl. Heinze et al. 1988: 115). Residentielle Segregation von dieser »Mittelgruppe« mag vielfach ein weiteres Problem darstellen, wichtiger könnte jedoch die geringe »soziale Nähe« sein, die den Austausch von Leistungen zwischen verschiedenen Haushalten zusätzlich erschwert. Denn die Bereitschaft, z.B. die eigenen Kinder den Nachbarn zur zeitweiligen Beaufsichtigung zu überlassen, setzt ein gewisses

Maß an gegenseitiger Akzeptanz und Übereinstimmung voraus und findet deshalb eher »unter (Seines-)Gleichen« statt (vgl. auch Fischer 1982: 6ff. und 189). Wenn nicht durch kollektiv finanzierte Leistungen, dann ließe sich die Wohlfahrtsposition dieser Haushalte informell nur durch Hilfen und Unterstützungen verbessern, die von Mitgliedern anderer Haushalte aus altruistischen Motiven gewährt würden. Dabei stellt sich allerdings das Problem, daß dauerhafte einseitige Leistungen von den Empfängern überwiegend nicht gewünscht werden, wenn und weil keine »Erwiderung« stattfinden kann (vgl. auch McKee 1987).

Im Hinblick auf bestimmte Bedarfslagen könnten deshalb Formen »organisierter Nachbarschaftshilfe« (s.o., S. 89, insbes. Anm. 71) wahrscheinlich einen begrenzten Beitrag leisten, die Situation der zuletzt genannten Gruppe von Haushalten zu verbessern. Die Bereitschaft zum ehrenamtlichen Engagement, die Reichweite solcher Hilfesysteme oder die Förderungsmöglichkeiten wurden hier jedoch nicht untersucht (s.o., S. 7). Eine öffentliche Förderung von informellen Hilfesystemen, die *auch* oder *vorrangig* auf die Einsparung von Leistungen an anderer Stelle zielt, würde diesen benachteiligten Haushalten am wenigsten helfen, sie im Gegenteil durch den Abbau von Leistungen noch weiter zurücksetzen (man denke z.B. an den selektiven Zugang zu Selbsthilfegruppen, der sich in dem weithin bekannten »Mittelschicht-Bias« ihrer Mitgliederstruktur manifestiert).

Ein Ergebnis der Ausführungen in den vorangegangenen Kapiteln ist, daß sich offensichtlich die Wohlfahrtsdifferenzen zwischen den eben genannten drei Gruppen von Haushalten vertiefen. Die verschiedenen, explizit herausgestellten Elemente *kumulativer sozialer Ungleichheit* lassen sich – stark vergröbernd – in folgenden »je ..., umso ...«-Beziehungen resümieren:

- je niedriger die Berufsposition, umso schlechter die »Zeitqualität« der Arbeitszeit bzw. die der spiegelbildlich konstituierten erwerbsfreien Zeit und umso eingeschränkter auch die autonomen Dispositionsfreiheiten über die »Zeit«;
- je geringer das Einkommen bzw. je unsteter die Beschäftigung, umso weniger Möglichkeiten existieren, Geldausgaben durch Haushaltsproduktion zu substituieren bzw. knappe Geldressourcen auf diese Weise »zu strecken«;
- je größer die Zahl der Haushaltsmitglieder, auf die ein gegebenes Erwerbseinkommen des Hauptverdieners verteilt werden muß, umso mehr sinkt die Chance, das geringere Pro-Kopf-Einkommen durch einen zweiten Verdiener zu erhöhen, denn Alter und Zahl der minderjährigen Kinder beeinflussen nach wie vor die Erwerbsteilnahme von Ehefrauen;
- je stabiler die Erwerbskarriere verläuft, umso besser sind die Chancen, im Alter mit einer auskömmlichen Sozialversicherungsrente und einer ergänzen-

den betrieblichen Altersrente rechnen zu können (und während der Erwerbsphase von prekären Einkommenssituationen verschont zu bleiben);

- je ungünstiger die Ressourcenausstattung der Herkunftsfamilie, umso geringere Aussichten bestehen, die regelmäßig ungünstigere eigene Einkommenssituation durch Vermögensübertragungen (Geld oder Immobilien) zu verbessern;
- je niedriger der sozioökonomische Status, umso kleiner bzw. weniger leistungsfähig ist das soziale Netzwerk und sein (potentieller) Beitrag zur Wohlfahrtssteigerung.

Eine günstige sozioökonomische Situation des Haushalts, die sich bei einer Querschnittsbetrachtung zeigt, wird also im zeitlichen Längsschnitt noch verbessert (oder zumindest stabilisiert) und aktuell dadurch verstärkt, daß damit weitere Faktoren einhergehen, die die Lebenslage positiv beeinflussen. Wenngleich neuartige Systeme des informellen Bedarfsausgleichs an der gegebenen Chancenstruktur zur Erhöhung oder Stabilisierung der Wohlfahrtsposition der privaten Haushalte wahrscheinlich nur wenig ändern würden, ein extensivierter zwischenhaushaltlicher Austausch von Eigenarbeitsleistungen ggf. sogar den Abstand zwischen den beiden erstgenannten (privilegierten) Gruppen von Haushalten und der letztgenannten (benachteiligten) Gruppe vergrößern würde, dann bedeutet das aber keineswegs, daß man auf Überlegungen, wie die Potentiale für vermehrte Eigenarbeit auszuschöpfen oder die Leistungspotentiale der Haushalte zu erweitern wären, verzichten müßte - ganz im Gegenteil. Denn die von Scharpf (1986: 16) wegen der *Preiseffekte* (s.o., S. 77f.) erwartete »extreme *Versorgungskrise* bei den nicht durch Apparate substituierbaren und nicht durch massenhafte Vermittlung rationalisierbaren personenbezogenen Pflege- und Betreuungsleistungen für junge, kranke und alte Menschen« beträfe den größten Teil der privaten Haushalte bzw. annähernd alle Personen, während sie Haushalten in bestimmten Konstellationen angehören. Der Ansatzpunkt, die Gelegenheitsstruktur für freiwillig geleistete Eigenarbeit positiv zu verändern *und* einer Ausdehnung prekärer Einkommensverhältnisse entgegenzuwirken, ist im Hinblick auf beide Ziele eine Reform der *Arbeitszeitbedingungen* und knüpft an die am Ende des 2. Kapitels (s.o., S. 34) genannten Überlegungen von Gösta Rehn an.

Bislang sind die individuellen Möglichkeiten, von der Normalarbeitszeit dauerhaft oder temporär abzuweichen, beschränkt und z.T. mit Benachteiligungen in anderen Dimensionen des Arbeitsverhältnisses verbunden. So ist die Chance, auf eine Teilzeitbeschäftigung überzugehen oder die Erwerbstätigkeit für eine gewisse Zeit zu unterbrechen, vom »goodwill« des Arbeitgebers oder der individuellen Marktmachtposition abhängig, und wenn es gelingt, die individuellen Arbeitszeitvorstellungen zu verwirklichen, sind berufsfremder Einsatz, verschlechterte Aufstiegsmöglichkeiten o.ä. nicht ausgeschlossen. Deshalb bleiben die Arbeitszeitpräferenzen vieler Arbeitnehmer unbefriedigt, und diese sehr heterogenen und im Lebenslauf nicht stabilen Arbeitszeitvorstellungen der Arbeitnehmer lassen sich mit *allgemeinen* (Wochen-)Arbeitszeitverkürzungen längst nicht mehr vollständig einholen. Zu der wachsenden Diskrepanz zwischen den Arbeitszeitpräferenzen der Beschäftigten und der (jeweils) geltenden Normalarbeitszeit kommt es, weil das *Normalarbeitsverhältnis* als gesellschaftliches Arrangement der Produktion und Reproduktion in gewisser Weise »veraltet« ist. Das Normalarbeitsverhältnis, das durch kontinuierlich ausgeübte, dauerhafte Vollzeitbeschäftigung bei Geltung aller arbeits- und sozialrechtlichen Schutz- und Teilhaberechte abhängiger Erwerbsarbeit charakterisiert ist (vgl. Mückenberger et al. 1989), ist zugeschnitten auf den *männlichen Familienernährer*, dessen alleiniges Erwerbseinkommen - normativ wie empirisch - den Lebenunterhalt einer Kleinfamilie sichert. Dieser Zuschnitt entspricht immer weniger der Realität: Das Erwerbseinkommen des Ehemanns stellt im sozialen Querschnitt nur in etwa der Hälfte der Familienhaushalte das gesamte Familienerwerbseinkommen dar und muß im familienbiographischen Längsschnitt auch immer weniger zum Familienunterhalt ausreichen (s.o., Tab. 1 und 2). Daraus ergeben sich - je nach Lebensentwurf und biographischer Phase - heterogene und sozial diffus verteilte Einkommens- wie Arbeitszeitpräferenzen, die sich auf die Harmonisierung der Erwerbsarbeitssphäre mit den außerberuflichen Lebensbereichen im Haushaltszusammenhang richten.

Ein *Recht auf Wenigerarbeit* (vgl. dazu Hinrichs 1988: 298ff. m.w.N.) würde die maximale Befriedigung der Arbeitszeitpräferenzen der Beschäftigten dadurch gewährleisten, daß sie *optional*, entsprechend der persönlichen Lebenslage und den jeweiligen aktuellen Bedürfnissen von der Normalarbeitszeit abweichen *könnten*. Solche am Maßstab des Normalarbeitsverhältnisses orientierten Regelungen würden nicht materiale Sollzustände vorgeben, sondern als tarifvertraglich oder gesetzlich fixierte *prozedurale Normen* Verfahrensregeln bestimmen, welche konkreten Zustände im Einzelfall wie ausgehandelt werden dürften. Die Schaffung solcher garantierten Optionen für einen temporären Teil- oder Vollrückzug des Erwerbszeitangebots, die im Bereich des öffentlichen Dienstes bereits in großem Umfang gegeben sind, würde insoweit eine »Modernisierung« des Normalarbeitsverhältnisses darstellen, weil damit eine bedürfnisgerechte Umverteilung der Erwerbsarbeitszeit im individuellen Lebenslauf *und* innerhalb des Haushaltszusammenhangs eröffnet würde.

Von solchen Optionen würde umso mehr Gebrauch gemacht werden, je weniger nachdrücklich die nicht den Arbeitnehmerbedürfnissen entsprechenden betrieblichen Interessen in konkreten Aushandlungsprozessen zu Geltung kämen und je »sicherer« für die Beschäftigten die Rückkehr an einen bzw. der Erhalt eines Vollzeitarbeitsplatz(es) wäre, d.h. auch: je *weniger endgültig* die Entscheidung und je *vielfältiger* die individuell zugänglichen Optionen wären. Im Hinblick auf den Arbeitsmarkteffekt, d.h. die Umverteilung der durch *Wenigerarbeit* entzogenen Erwerbszeitkontingente auf mehr Beschäftigte, wäre es gleichgültig, ob die durch (zeitweilige) Teilzeitarbeit, Sonderbeurlaubung (z.B. als »Sabbatical«), Teilruhestand o.ä. gewonnenen erwerbsfreien Zeiten für Freizeitaktivitäten oder zur Befriedigung von Eigenarbeitsbedarfen verwendet würden. Jedoch hinsichtlich der Reduzierung prekärer Einkommensverhältnisse durch den positiven Beschäftigungseffekt wie auch der Realisierung gesellschaftspolitischer Reformziele wäre es bedeutsam, die Inanspruchnahme der Optionen auf Wenigerarbeit zum Zweck ausgedehnter Eigenarbeitsaktivitäten zu erhöhen. Dies könnte erreicht werden, wenn freigewählte Lebenslagen als temporäre Alternativen zur Vollzeit-Erwerbstätigkeit öffentlich finanziert würden, d.h. wenn während der Phasen reduzierter oder unterbrochener Erwerbsbeteiligung als *gesellschaftlich nützlich* anerkannte Aufgaben übernommen würden, die die Zuweisung eines (partiellen) Lohnersatzeinkommens und/oder einen fortbestehenden Sozialversicherungsschutz (insbesondere höhere Anwartschaften in der Gesetzlichen Rentenversicherung) rechtfertigten. Anlässe, die auf diese Weise die Übergänge zwischen Vollzeitarbeit und zeitweiliger Reduzierung oder Unterbrechung der Erwerbsbeteiligung »verflüssigen«, wären die Erziehung von Kindern oder die Betreuung kranker und alter Personen im eigenen Haushalt bzw. haushaltsextern, d.h. solche, für die bereits weiter ausbaufähige Regelungen bestehen (Erziehungsurlaub/-geld) oder geplant sind (Anrechnung von Pflegezeiten auf die spätere Rente). Diese Subventionierung von freiwilligen Erwerbsarbeitsreduzierungen könnte sich auch auf informelle Hilfeleistungen in organisierter Form (z.B. ehrenamtliche Arbeit unter dem Dach von konfessionellen Trägern oder in Wohlfahrtsverbänden) erstrecken, ohne daß damit das Spektrum an denkbaren Anlässen bereits vollständig ausgeleuchtet wäre.

Die Umsetzung dieser Vorschläge könnte zum Abbau der aufgezeigten Aspekte kumulativer sozialer Ungleichheit sicherlich nur begrenzt beitragen. Aber in der damit verbundenen Erhöhung der Wohlfahrtsproduktivität der Ressource »Zeit« sowie der Begrenzung sich ausbreitender prekärer Einkommensverhältnisse läge *ein Ansatz*, den in dieser Untersuchung nachgegangenen Problemen beizukommen.

Literatur

Andorka, R. (1987): »Time Budgets and Their Uses«, *Annual Review of Sociology* 13: 149–164.

Angele, J. (1984): »Budgets ausgewählter privater Haushalte«, *Wirtschaft und Statistik*, 542–552.

Angele, J. (1988): »Budgets ausgewählter privater Haushalte 1987. Ergebnis der laufenden Wirtschaftsrechnungen«, *Wirtschaft und Statistik*, 574–582.

Articus, S./Karolus, S. (1985): »Pflegebedürftige alte Menschen in der Familie. Probleme und Belastungen pflegender Angehöriger und die Möglichkeiten ihrer Unterstützung im Rahmen kommunaler Sozialpolitik«, *Nachrichtendienst des Deutschen Vereins für öffentliche und private Fürsorge* 65: 41–48.

Bach, H.-U., et al. (1988): »Zur Arbeitsmarktentwicklung 1988/89«, *Mitteilungen aus der Arbeitsmarkt- und Berufsforschung* 21: 455–467.

Badelt, C. (1988): »Wie ›alternativ‹ ist ›unbezahlte‹ Arbeit?«, in: *Teichert (Hrsg.)*, 143–157.

Bakker, B.F.M. (1987): »Draagkracht en vrijetijdsbesteding. Een vergelijking tussen een- en tweeverdieners«, *Economisch Statistische Berichten* 72: 337–340.

Baumol, W.J. (1967): »Macroeconomics of Unbalanced Growth: The Anatomy of Urban Crisis«, *The American Economic Review* 57: 415–426.

Beck, U. (1986): *Risikogesellschaft. Auf dem Weg in eine andere Moderne*, Frankfurt a.M.: Suhrkamp.

Bedau, K.-D. (1986): »Vermögenseinkommen der privaten Haushalte in der Bundesrepublik Deutschland 1970 bis 1985«, *DIW-Wochenbericht* 53: 353–360.

Bedau, K.-D. (1988): »Die Verteilung der Vermögenseinkommen der privaten Haushalte im Jahr 1987«, *DIW-Wochenbericht* 55: 506–513.

Bellante, D./Foster, A.C. (1984): »Working Wives and Expenditure on Services«, *Journal of Consumer Research* 11: 700–707.

Berger-Schmitt, R. (1986a): »Innerfamiliale Arbeitsteilung und ihre Determinanten«, in: *Glatzer/Berger-Schmitt (Hrsg.)*, 105–140.

Berger-Schmitt, R. (1986b): »Arbeitsteilung und subjektives Wohlbefinden von Ehepartnern«, in: *Glatzer/Berger-Schmitt (Hrsg.)*, 141–174.

Bertels, L. (1987): *Neue Nachbarschaften. Soziale Beziehungen in einer Neubausiedlung als Folge von Initiativenarbeit*, Frankfurt/New York: Campus.

Blosser-Reisen, L. (1988): »Kostensenkung im Gesundheitswesen: Ein Beitrag der privaten Haushalte?«, *Sozialer Fortschritt* 37: 159–166.

Blossfeld, H.-P./Huinink, J. (1989): »Die Verbesserung der Bildungs- und Berufschancen von Frauen und ihr Einfluß auf den Prozeß der Familienbildung. Ein Längsschnittuntersuchung über die Entwicklung in der Bundesrepublik Deutschland seit dem Ende des Zweiten Weltkriegs«, Max-Planck-Institut für Bildungsforschung, Berlin (mimeo.).

Böltken, F. (1987a): »Ortsgebundenheit und Ortsverbundenheit. Empirische Befunde im Zeit- und Regionalvergleich«, *Informationen zur Raumentwicklung*, Nr. 3: 147–156.

Böltken, F. (1987b): »Soziale Disparitäten und soziale Netzwerke im regionalen Vergleich«, *Informationen zur Raumentwicklung*, Nr. 9/10: 543–549.

Bonney, N. (1988): »Gender, Household and Social Class«, *British Journal of Sociology* 39: 28–46.

Bose, C.E./Bereano, P.L./Malloy, M. (1984): »Household Technology and the Social Construction of Housework«, *Technology and Culture* 25: 53–82.

Brannen, J./Wilson, G. (1987): »Introduction«, in: *Brannen/Wilson (eds.)*, 1–17.

Brannen, J./Wilson, G. (eds.) (1987): *Give and Take in Families. Studies in Resource Distribution*, London: Allen & Unwin.

Braun, H.-U. (1985): »Grundvermögen privater Haushalte Ende 1983. Ergebnisse der Einkommens- und Verbrauchsstichprobe«, *Wirtschaft und Statistik*, 967–974.

Braun, W. (1988): »Ehescheidungen 1986/87. Die wichtigsten Ergebnisse«, *Wirtschaft und Statistik*, 682–688.

Brinkmann, C. (1989): *Neue arbeitsmarktpolitische Hilfen für den »harten Kern« von Langzeitarbeitslosen*, Arbeitskreis Sozialwissenschaftliche Arbeitsmarktforschung (SAMF), Arbeitspapier 1989–8, Paderborn.

Brinkmann, C., et al. (1986): *Überstunden. Entwicklung, Strukturen und Bestimmungsgrößen*, Beiträge zur Arbeitsmarkt- und Berufsforschung, Bd. 98, Nürnberg.

Brinkmann, D./Engelbrech, G./Hofbauer, H. (1988): »Berufsverläufe von Frauen«, in: Mertens, D. (Hrsg.), *Konzepte der Arbeitsmarkt- und Berufsforschung. Eine Forschungsinventur des IAB*, Beiträge zur Arbeitsmarkt- und Berufsforschung, Bd. 70, 3. Aufl., Nürnberg, 724–747.

Brun, R. (Hrsg.) (1985): *Erwerb und Eigenarbeit. Dualwirtschaft in der Diskussion*, Frankfurt: Fischer Taschenbuch Verlag.

Büchtemann, C.F./Schupp, J. (1986): *Zur Sozio-Ökonomie der Teilzeitbeschäftigung in der Bundesrepublik Deutschland. Analysen aus der ersten Welle des »Sozio-ökonomischen Panel«*, Discussion Paper IIM/LMP (86 - 15), Wissenschaftszentrum Berlin.

Bulmer, M. (1987): »Privacy and Confidentiality as Obstacles to Interweaving Formal and Informal Social Care: The Boundaries of the Private Realm«, *Journal of Voluntary Action Research* 16: 112–125.

Cassel, D. (1982): »Schattenwirtschaft - eine Wachstumsbranche?«, *List-Forum* 11: 343–363.

Central Statistical Office (1985): *Social Trends*, No. 15 (1985 Edition), London.

Clasen, L. (1989): »Tarifverträge 1988. Weitere Arbeitszeitverkürzungen«, *Bundesarbeitsblatt*, Nr. 3: 17–22.

Cornelius, I. (1988): »Sozialökonomische Problemlagen von Familien in unterschiedlichen Lebensphasen«, *Sozialer Fortschritt* 37: 247–250.

Cowan, R.S. (1983): *More Work for Mother. The Ironies of Household Technology from the Open Hearth to the Microwave*, New York: Basic Books.

Cyprian, R., et al. (1989): *Schattenwirtschaft, Alternativökonomie*, Literaturdokumentation zur Arbeitsmarkt- und Berufsforschung, Sonderheft 15, Nürnberg.

Datenreport (1985) = Statistisches Bundesamt (Hrsg.), *Datenreport 1985. Zahlen und Fakten über die Bundesrepublik Deutschland*, Schriftenreihe der Bundeszentrale für politische Bildung, Bd. 226, Bonn.

Deimer, K./Jaufmann, D./Kistler, E./Pfaff, M. (1983): »Selbsthilfe in der Sozialpolitik - ein Lösungsansatz?«, *Aus Politik und Zeitgeschichte* 33, Nr. 34: 14–29.

Diewald, M. (1986): »Sozialkontakte und Hilfeleistungen in informellen Netzwerken«, in: *Glatzer/Berger-Schmitt (Hrsg.)*, 51–84.

Döhrn, R. (1985): »Sättigungstendenzen beim Privaten Verbrauch? - Versuche einer empirischen Bestimmung«, *Mitteilungen des Rheinisch-Westfälischen Instituts für Wirtschaftsforschung* 36: 125–145.

Döhrn, R. (1988): »Strukturelle Entwicklungt des Privaten Verbrauchs seit 1960«, *Mitteilungen des Rheinisch-Westfälischen Instituts für Wirtschaftsforschung* 39: 55–87.

Ehling, M./Schäfer, D. (1988): »Internationale Erfahrungen mit Zeitbudgeterhebungen im Rahmen der amtlichen Statistik«, *Wirtschaft und Statistik*, 451–461.

Eisner, R. (1988): »Extended Accounts for National Income and Product«, *Journal of Economic Literature* 26: 1611–1684.

EMNID (1983): »Freizeitbedingungen und Freizeitentwicklungen – Kommentar«, Bielefeld (mimeo.).

EMNID (1985): »Wer hat die meiste Freizeit?«, *EMNID-Informationen* 37, Nr. 6/7: 24 und A44–A67.

Erler, G./Jaeckel, M./Pettinger, R./Sass, J. (1988): *Kind? Beruf? Oder Beides? Eine repräsentative Studie über die Lebenssituation und Lebensplanung junger Paare zwischen 18 und 33 Jahren in der Bundesrepublik Deutschland im Auftrag der Zeitschrift Brigitte*, Brigitte Untersuchung 88, Hamburg/München: Brigitte/DJI.

Euler, M. (1985): »Geldvermögen privater Haushalte Ende 1983. Ergebnis der Einkommens- und Verbrauchsstichprobe«, *Wirtschaft und Statistik*, 408–418.

Euler, M. (1986): »Budgets ausgewählter privater Haushalte 1985. Ergebnisse der laufenden Wirtschaftsrechnung«, *Wirtschaft und Statistik*, 467–474.

Euler, M. (1988): »Verteilung und Schichtung der Einkommen aus Geldvermögen 1983. Ergebnis der Einkommens- und Verbrauchsstichprobe«, *Wirtschaft und Statistik*, 565–573.

Familienbericht (1986) = Deutscher Bundestag: *Die Situation der älteren Menschen in der Familie – Vierter Familienbericht* –, Drucksache 10/6145 vom 13.10.86, Bonn.

Featherstone, M. (1987): »Lifestyle and Consumer Culture«, *Theory, Culture & Society* 4: 55–70.

Ferber, C. von/Wedekind, R. (1984): »Familie, Selbsthilfe und Sozialpolitik. Hilfebedürftigkeit zwingt zu einer Neuorientierung sozialer Hilfen«, *Soziale Welt* 35: 502–521.

Fischer, C.S. (1982): *To Dwell Among Friends. Personal Networks in Town and City*, Chicago/London: The University of Chicago Press.

Flap, H.D./Tazelaar, F. (1988): »De rol van informele sociale netwerken op de arbeidsmarkt: flexibilisering en uitsluiting«, in: Flap, H.D./Arts, W.A. (red.), *De flexibele arbeidsmarkt. Theorie en praktijk*, Deventer: Van Loghum Slaterus, 48–64.

Flood, L. (1988): »Effects of Taxes on Non-Market Work. The Swedish Case«, *Journal of Public Economics* 36: 259–267.

Frankel, B. (1987): *The Post-Industrial Utopians*, Oxford: Polity Press.

Frankfurter Allgemeine Zeitung (Nr. 208 v. 09.09.1982): »Plädoyer für 48-Stunden-Woche. Bericht aus dem Alltag / Gestern und heute«.

Freitäger, J. (1986): *Erwerb und Verwendung des Einkommens von Arbeitnehmerhaushalten mit erwerbstätiger Ehefrau*, Frankfurt a.M./Bern/New York: Peter Lang.

Gershuny, J. (1983): *Social Innovation and the Division of Labour*, Oxford: Oxford University Press.

Gershuny, J./Jones, S. (1987): »The Changing Work/Leisure Balance in Britain, 1961–1984«, in: Horne, J./Jary, D./Tomlinson, A. (eds.), *Sport, Leisure and Social Relations*, London/New York: Routledge & Kegan Paul, 9–50.

Gershuny, J./Miles, I./Jones, S./Mullings, C/Thomas, G./Wyatt, S. (1986): »Time Budgets: Preliminary Analyses of a National Survey«, *The Quarterly Journal of Social Affairs* 2, No. 1: 13–39.

Gesellschaftliche Daten (1982) = Presse- und Informationsamt der Bundesregierung (Hrsg.), *Gesellschaftliche Daten 1982*, Reihe: Berichte und Dokumentationen, Bonn.

Glatzer, W. (1984): »Haushaltsproduktion«, in: Glatzer, W./Zapf, W. (Hrsg.), *Lebensqualität in der Bundesrepublik. Objektive Lebensbedingungen und subjektives Wohlbefinden*, Frankfurt/New York: Campus, 366–388.

Glatzer, W. (1986): »Haushaltsproduktion, wirtschaftliche Stagnation und sozialer Wandel«, in: *Glatzer/Berger-Schmitt (Hrsg.)*, 9–50.

Glatzer, W. (1988): »Die Wahrnehmung und Bewertung der Haushaltseinkommen«, in: Reich, U.-P. (Hrsg.), *Aufgaben und Probleme der Einkommensstatistik. Erstellung, Nutzung, Interpretation*, Heft 26 der Sonderhefte zum Allgemeinen statistischen Archiv, Göttingen: Vandenhoeck & Ruprecht, 167–189.

Glatzer, W./Berger-Schmitt, R. (Hrsg.) (1986): *Haushaltsproduktion und Netzwerkhilfe. Die alltäglichen Leistungen der Familien und Haushalte*, Frankfurt/New York: Campus.

Gorz, A. (1983): *Wege ins Paradies. Thesen zur Krise, Automation und Zukunft der Arbeit*, Berlin: Rotbuch Verlag.

Gretschmann, K./Heinze, R.G./Mettelsiefen, B. (Hrsg.) (1984): *Schattenwirtschaft. Wirtschafts- und sozialwissenschaftliche Aspekte, internationale Erfahrungen*, Göttingen: Vandenhoeck & Ruprecht.

Grønmo, S./Lingsom, S. (1986): »Increasing Equality in Household Work: Patterns of Time-Use in Norway«, *European Sociological Review* 2: 176–189.

Gross, P. (1983): *Die Verheißungen der Dienstleistungsgesellschaft. Soziale Befreiung oder Sozialherrschaft?*, Opladen: Westdeutscher Verlag.

Gross, P./Friedrich, P. (Hrsg.) (1988): *Positive Wirkungen der Schattenwirtschaft?*, Baden-Baden: Nomos Verlagsgesellschaft.

Grubben, B. (1987): »Dubbele inkomens en ongelijkheid, een paradox«, *Economisch Statistische Berichten* 72: 736–739.

Grunow, D. (1987): »Soziale Ressourcen in der alltäglichen Gesundheitsselbsthilfe«, in: Keupp, H./Röhrle, B. (Hrsg.), *Soziale Netzwerke*, Frankfurt/New York: Campus, 245–267.

Haugg, K./Schweitzer, R. von (1987): »Zeitbudgets von Familien - eine Literaturstudie mit haushaltstheoretischen Anmerkungen«, *Zeitschrift für Bevölkerungswissenschaft* 13: 215-241.

Hawrylyshyn, O. (1977): »Towards a Definition of Non-Market Activities«, *Review of Income and Wealth* 23: 79–96.

Heidenreich, H.-J. (1989): »Erwerbstätigkeit im April 1988. Ergebnis des Mikrozensus«, *Wirtschaft und Statistik*, 327-339.

Heinz, M. (1986): »Zur Einkommenssituation im Alter«, *Nachrichtendienst der Deutschen Vereins für öffentliche und private Fürsorge* 66: 130–133.

Heinze, J./Schedl, H./Vogler-Ludwig, K. (1986): *Wachstumsfelder am Rande der offiziellen Wirtschaft. Auswirkungen expandierender Produktions- und Beschäftigungsformen auf Produktivität und Strukturwandel*, Ifo-Studien zur Strukturforschung, Bd. 7, München: Ifo-Institut für Wirtschaftsforschung.

Heinze, R.G./Offe, C. (1987): »Zur Requalifizierung von Zeit«, in: Hesse, J.J./Zöpel, C. (Hrsg.), *Neuorganisation der Zeit*, Baden-Baden: Nomos Verlagsgesellschaft, 150–161.

Heinze, R.G./Olk, T./Hilbert, J. (1988): *Der neue Sozialstaat. Analyse und Reformperspektiven*, Freiburg: Lambertus.

Helberger, C./Schwarze, J. (1986): »Umfang und Struktur der Nebenerwerbstätigkeit in der Bundesrepublik Deutschland«, *Mitteilungen aus der Arbeitsmarkt- und Berufsforschung* 19: 271-286.

Hertel, J. (1986): »Haushalte mit Nutzgärten und Kleintierhaltung. Ergebnisse der Einkommens- und Verbrauchsstichprobe 1983«, *Wirtschaft und Statistik*, 559-562.

Hertel, J. (1987): »Aufwendungen privater Haushalte für langlebige, hochwertige Gebrauchsgüter 1983. Ergebnis der Einkommens- und Verbrauchsstichprobe«, *Wirtschaft und Statistik*, 878–885.

Hill, T.P. (1979): »Do-It-Yourself and GDP«, *Review of Income and Wealth* 25: 31-39.

Hinrichs, K. (1988): *Motive und Interessen im Arbeitszeitkonflikt. Eine Analyse der Entwicklung von Normalarbeitszeitstandards*, Frankfurt/New York: Campus.

Hinrichs, K. (1989): »Irregular Employment Patterns and the Loose Net of Social Security«, Paper prepared for the Seminar »Sociology of Social Security«, held at the University of Edinburgh, July 4 - 6, 1989, Bremen (mimeo.).

Hirsch, F. (1980): *Die sozialen Grenzen des Wachstums. Eine ökonomische Analyse der Wachstumskrise*, Reinbek: Rowohlt (Original: 1976).

Hirschman, A.O. (1981): »The Changing Tolerance for Income Inequality in the Course of Economic Development«, in: Hirschman, A.O., *Essays in Trespassing. Economics to Politics and Beyond,* Cambridge: Cambridge University Press, 39–58.

Hirschman, A.O. (1982): *Shifting Involvements. Private Interest and Public Action,* Princeton, N.J.: Princeton University Press.

Hitzler, R./Honer, A. (1988): »Reparatur und Repräsentation. Zur Inszenierung des Alltags durch Do-It-Yourself«, in: Soeffner, H.-G. (Hrsg.), *Kultur und Alltag,* Soziale Welt, Sonderband 6, Göttingen: Otto Schwartz & Co., 267–283.

Honer, A./Unseld, W. (1988): »›Die Zeit darf man natürlich nicht rechnen‹. Der Heimwerker und seine Zeiten«, in: *Gross/Friedrich (Hrsg.),* 219–225.

IAB (1988) = Institut für Arbeitsmarkt- und Berufsforschung, »Zur Einkommenssituation von Arbeitslosen«, IAB-Kurzbericht vom 31.05.1988 (VII/2–Bri/Spi), Nürnberg (mimeo.).

IfD (1985) = Institut für Demoskopie Allensbach, *Die Situation der Frau in Baden-Württemberg. Eine Repräsentativuntersuchung unter Frauen, ihren Partnern und Kindern über die Situation der Frau im Spannungsfeld von Beruf und Familie,* im Auftrag des Ministeriums für Arbeit, Gesundheit, Familie und Sozialordnung Baden-Württemberg, Stuttgart.

IfD (1988) = Institut für Demoskopie Allensbach, »Sorgen um die Alterssicherung«, *Allensbacher Berichte,* Nr. 19/1988.

IfD (1989) = Institut für Demoskopie Allensbach, »Vieles kann man auch selbst machen. Do-it-yourself ist eine Domäne der Männer«, *Allensbacher Berichte,* Nr. 11/1989.

IfF (1984) = Institut für Freizeitwirtschaft, *Spezialstudie Do-it-yourself. Heimwerken und Heimwerkerbedarf in der Bundesrepublik bis 1990,* 2 Bde., München: ff-Institut für Freizeitforschung.

IfF (1987) = Institut für Freizeitwirtschaft, *Wachstumsfelder im Freizeitbereich bis 1995,* 3 Bde., München: ff-Institut für Freizeitwirtschaft.

Jacobs, E./Shipp, S./Brown, G. (1989): »Families of Working Wives Spending More on Services and Nondurables«, *Monthly Labor Review* 112, No. 2: 15–23.

Jäkel, S./Kirner, E. (1987): »Immer mehr Frauen im Beruf. Zur längerfristigen Entwicklung des Erwerbsverhaltens von Frauen«, *DIW-Wochenbericht* 54: 393–402.

Jessen, J./Siebel, W./Siebel-Rebell, C./Walther, U.-J./Weyrather, I. (1985): »Mythos informelle Ökonomie«, *Leviathan* 13: 398–419.

Jessen, J./Siebel, W./Siebel-Rebell, C./Walther, U.-J./Weyrather, I. (1988): *Arbeit nach der Arbeit. Schattenwirtschaft, Wertewandel und Industriearbeit,* Opladen: Westdeutscher Verlag.

Joerges, B. (1983): »Konsumarbeit – zur Soziologie und Ökologie des ›informellen Sektors‹«, in: Matthes, J. (Hrsg.), *Krise der Arbeitsgesellschaft? Verhandlungen des 21. Deutschen Soziologentages in Bamberg,* Frankfurt/New York: Campus, 249–264.

Kaltenbach, H. (1988): »Die Situation der Frauen innerhalb der Alterssicherungssysteme. Gesetzliche Rentenversicherung«, *Die Angestelltenversicherung* 35: 287–294.

Kam, C.A. de/Pommer, E.J./Wiebrens, C.J. (1982): »Dubbel en dwars: over dubbele inkomens in 1979«, *Economisch Statistische Berichten* 67: 1040–1047.

Karr, W./John, K. (1989): »Mehrfacharbeitslosigkeit und kumulative Arbeitslosigkeit«, *Mitteilungen aus der Arbeitsmarkt- und Berufsforschung* 22: 1–16.

Kaukewitsch, P. (1978): »Arten und Umfang der betrieblichen Altersversorgung 1976«, *Wirtschaft und Statistik,* 609–617.

Keller, B. (1984): *Die Zeit als ökonomisches Gut. Eine theoretische und empirische Analyse des Konsumentenverhaltens,* Tübingen: Institut für Angewandte Wirtschaftsforschung.

Kerber, U. (1986): »Informelle Netzwerkhilfe und sozialstaatliche Unterstützung bei hilfebedürftigen Haushalten«, in: *Glatzer/Berger-Schmitt (Hrsg.),* 85–103.

Kern, K.D. (1989): »Gesundheitszustand der Bevölkerung. Ergebnis des Mikrozensus April 1986«, *Wirtschaft und Statistik,* 104–108.

Klauder, W. (1988): »Langfristige Arbeitsmarktperspektiven«, *Arbeit und Sozialpolitik* 42: 196–202.

Klein, T. (1987): »Determinanten der sozialen Lage: Arbeitsmarkt versus Familie«, *Zeitschrift für Soziologie* 16: 254–271.

Knulst, W.P. (1977): *Een week tijd. rapport van een onderzoek naar de tijdsbesteding van de Nederlandse bevolking in oktober 1975,* Sociaal en Cultureel Planbureau, S.C.P.-Cahier no. 10, 's-Gravenhage.

Knulst, W. (1984): *Tijdsbesteding en overheidsbeleid,* Sociaal en Cultureel Planbureau, Stukwerk 1984/Nr. 14, Rijswijk.

Knulst, W./Schoonderwoerd, L. (1983): *Waar blijft de tijd. Onderzoek naar de tijdsbesteding van Nederlanders,* Sociaal en Cultureel Planbureau, Sociale en Culturele Studies – 4, 's-Gravenhage.

Köcher, R. (1988): »Unterschätzte Funktionen der Familie«, *Aus Politik und Zeitgeschichte* 38, Nr. 13: 24–33.

Kössler, R. (1984): »Arbeitszeitbudgets ausgewählter privater Haushalte«, *Baden-Württemberg in Wort und Zahl* 32: 114–119.

Kohler, H./Reyher, L. (1988): *Arbeitszeit und Arbeitsvolumen in der Bundesrepublik Deutschland 1960 – 1986. Datenlage – Struktur – Entwicklungen,* Beiträge zur Arbeitsmarkt- und Berufsforschung, Bd. 123, Nürnberg.

Krüsselberg, H.-G./Auge, M./Hilzenbecher, M. (1986): *Verhaltenshypothesen und Familienzeitbudgets – Die Ansatzpunkte der »Neuen Haushaltsökonomik« für Familienpolitik*, Bd. 182 der Schriftenreihe des Bundesministers für Jugend, Familie und Gesundheit, Stuttgart/Berlin/Köln/Mainz: Kohlhammer.

Kruse, A./Wilbers, J. (1987): »Der alte Mensch in Familie und Gesellschaft«, in: Thomae, H./Kruse, A./Wilbers, J., *Kompetenz und soziale Beziehungen im Alter*, Materialien zum Vierten Familienbericht, Bd. 2, München: DJI Verlag Deutsches Jugendinstitut, 117–277.

Kühlewind, G. (1986): »Beschäftigung und Ausgliederung älterer Arbeitnehmer. Empirische Befunde zu Erwerbsbeteiligung, Rentenübergang, Vorruhestandsregelung und Arbeitslosigkeit«, *Mitteilungen aus der Arbeitsmarkt- und Berufsforschung* 19: 209–232.

Lahmann, H./Frick, J. (1989): »Wohnkosten der Eigentümer-Haushalte in der Bundesrepublik Deutschland. Ergebnisse der Sozio-ökonomischen Panels«, *DIW-Wochenbericht* 56: 155–160.

Lakemann, U. (1984): *Das Aktivitätenspektrum privater Haushalte in der Bundesrepublik Deutschland 1950 bis 1980: Zeitliche und inhaltliche Veränderungen von Erwerbstätigkeiten, unbezahlten Arbeiten und Freizeitaktivitäten. Eine vergleichende Auswertung empirischer Untersuchungen*, Discussion Paper IIM/LMP (84 – 19), Wissenschaftszentrum Berlin.

Lehr, U. (1987): »Kompetenz im Alter. Ist die Bundesrepublik ein Land der Hilfsbedürftigen?«, *Universitas* 42: 879–890.

Lehr, U. (1988): »So einsam sind sie nicht«, *Psychologie Heute* 15, Nr. 7: 36–41.

Lengsfeld, W./Linke, W. (1988): »Die demographische Lage in der Bundesrepublik Deutschland«, *Zeitschrift für Bevölkerungswissenschaft* 14: 341–433.

Linder, S.B. (1971): *Das Linder-Axiom oder Warum wir keine Zeit mehr haben*, Gütersloh/Wien: Bertelsmann Sachbuchverlag (Original: 1970).

Lompe, K./Pollmann, B. (1986): »Abstieg der Arbeitslosen in die Sozialhilfe: Rekrutierungsmuster neuer Armut – Analyse empirischer Untersuchungen«, *Soziale Sicherheit* 35: 198–207.

Lüschen, G. (1988): »Familial-verwandtschaftliche Netzwerke«, in: Nave-Herz, R. (Hrsg.), *Wandel und Kontinuität der Familie in der Bundesrepublik Deutschland*, Stuttgart: Ferdinand Enke, 145–172.

Lutz, B. (1984): *Der kurze Traum immerwährender Prosperität. Eine Neuinterpretation der industriell-kapitalistischen Entwicklung im Europa des 20. Jahrhunderts*, Frankfurt/New York: Campus.

Lutz, B. (Hrsg.) (1987): *Technik und sozialer Wandel. Verhandlungen des 23. Deutschen Soziologentages in Hamburg*, Frankfurt/New York: Campus.

Mayer, H.-L. (1988): »Erwerbslosigkeit 1987 - auch im internationalen Vergleich. Ergebnisse des Mikrozensus und der EG-Arbeitskräftestichprobe«, *Wirtschaft und Statistik*, 849-863.

McKee, L. (1987): »Households During Unemployment: the Resourcefulness of the Unemployed«, in: *Brannen/Wilson (eds.)*, 96–116.

Meissner, M./Humphreys, E.W./Meis, S.M./Scheu, W.J. (1975): »No Exit for Wives: Sexual Divisions of Labour and the Cumulation of Household Demands«, *Canadian Review of Sociology and Anthropology* 12: 424-439.

Merz, J./Wolff, K. (1988): »Eigenarbeit, Nebenerwerb und Haupterwerb. Versorgungsstrategien privater Haushalte in der Bundesrepublik Deutschland«, *Mitteilungen aus der Arbeitsmarkt- und Berufsforschung* 21: 206–221.

Mevissen, J.W.M./Renooy, P.H. (1987): »Het produktiemilieu van de informele economie«, *Economisch Statistische Berichten* 72: 612-614 en 619.

Mooser, J. (1984): *Arbeiterleben in Deutschland, 1900 - 1970. Klassenlagen, Kultur und Politik*, Frankfurt a.M.: Suhrkamp.

Mückenberger, U./Offe, C./Ostner, I. (1989): »Das staatlich garantierte Grundeinkommen - ein sozialpolitisches Gebot der Stunde«, in: Krämer, H.L./Leggewie, C. (Hrsg.), *Wege ins Reich der Freiheit. André Gorz zum 65. Geburtstag*, Berlin: Rotbuch Verlag, 247–278.

Müller-Krumholz, K. (1988): »Einkommen und Ersparnis der Privathaushalte im Jahr 1987«, *DIW-Wochenbericht* 55: 499-505.

Müller-Wichmann, C. (1987): »Weniger Arbeit heißt noch lange nicht mehr Freizeit«, in: Engholm, B./Hafemann, M./Reisch, L./Schlüpen, D. (Hrsg.), *Die Zukunft der Freizeit*, Weinheim: Beltz, 21–32.

Munro, M. (1988): »Housing Wealth and Inheritance«, *Journal of Social Policy* 17: 417–436.

Neue Westfälische (Nr. 288 v. 12.12.1988): »300 Milliarden für die Freizeit«.

Neue Westfälische (Nr. 25 v. 20.01.1988): »Nicht Muskeln, die gute Figur ist gefragt«.

Neue Westfälische (Nr. 118 v. 21.05.1988): »Freizeitmarkt wächst weiter«.

Neue Westfälische (Nr. 199 v. 27.08.1988): »Caravans rollen zügig«.

Neuloh, O. (1964): »Sozialisation und Schichtarbeit«, *Soziale Welt* 15: 50–70.

Nickols, S.Y./Fox, K.D. (1983): »Buying Time and Saving Time: Strategies for Managing Household Production«, *Journal of Consumer Research* 10: 197–208.

Niessen, H.-J./Ollmann, R. (1987): *Schattenwirtschaft in der Bundesrepublik. Eine empirische Bestandsaufnahme der sozialen und räumlichen Verteilung schattenwirtschaftlicher Aktivitäten*, Opladen: Leske + Budrich.

Noelle, E./Neumann, E.R. (Hrsg.) (1965): *Jahrbuch der öffentlichen Meinung, 1958 - 1964*, Allensbach/Bonn: Verlag für Demoskopie.

Noelle-Neumann, E. (1976): *Allensbacher Jahrbuch der Demoskopie 1974 - 1976*, Wien/München/Zürich: Fritz Molden.

Nokielski, H. (1981): »Organisierte Nachbarschaftshilfe als ›Neue‹ Form sozialen Helfens«, *Sociologia Internationalis* 19: 139-156.

OECD (1988): *Labour Force Statistics, 1966 - 1986*, Paris: OECD.

Österreichisches Statistisches Zentralamt (1984): *Tagesablauf. Ergebnisse des Mikrozensus September 1981*, Beiträge zur Österreichischen Statistik, 707. Heft, Wien.

Offe, C./Heinze, R.G. (1986): »Am Arbeitsmarkt vorbei. Überlegungen zur Neubestimmung ›haushaltlicher‹ Wohlfahrtsproduktion in ihrem Verhältnis zu Markt und Staat«, *Leviathan* 14: 471-495.

O'Higgins, M./Bradshaw, J./Walker, R. (1988): »Income Distribution over the Life Cycle«, in: Walker, R./Parker, G. (eds.), *Money Matters. Income, Wealth and Financial Welfare*, London et al.: Sage, 225-253.

Orland, B. (1986): »Haushaltstechnik und Kleinfamilie. Ein unbedeutendes Kapitel des ›technischen Fortschritts‹«, in: Hildebrandt, E./Schmidt, E./Sperling, H.-J. (Hrsg.), *High-Tech-Down. Kritisches Gewerkschaftsjahrbuch 1986/87*, Berlin: Rotbuch Verlag, 127-135.

Ostner, I. (1986): »Prekäre Subsidiarität und partielle Individualisierung - Zukünfte von Haushalt und Familie«, in: Berger, J. (Hrsg.), *Die Moderne - Kontinuitäten und Zäsuren*, Soziale Welt, Sonderband 4, Göttingen: Otto Schwartz & Co., 235-259.

Ours, J.C. van (1986): »Huishoudelijke produktie als economische buffer?«, *Economisch Statistische Berichten* 71: 424-430.

Pahl, R. (1988): »Some Remarks on Informal Work, Social Polarization and the Social Structure«, *International Journal of Urban and Regional Research* 12: 247-267.

Pahl, R.E. (1989): »Forms of Work and the Role of Self-Provisioning«, in: *Strümpel (ed.)*, 267-288.

Payne, J. (1987): »Does Unemployment Run in Families? Some Findings from the General Household Survey«, *Sociology* 21: 199-214.

Peter, M. (1989): »Arbeitslosigkeit - Betroffenheit und Reaktionsformen in der Bevölkerung«, in: Peters, W. (Hrsg.), *Massenarbeitslosigkeit und Politik. Reaktionsweisen und Strategieoptionen in verschiedenen Politikarenen*, Arbeitskreis Sozialwissenschaftliche Arbeitsmarktforschung (SAMF), Arbeitspapier 1989-1, Paderborn, 33-56.

Pfaff, A.B. (1988): »Die Situation der Frauen innerhalb der Alterssicherungssysteme. Beurteilung aus ökonomischer Sicht«, *Die Angestelltenversicherung* 35: 303-313.

Pfaff, M./Deimer, K. (1989): »A Comparison of the Resource Potential of Different Social Networks«, in: *Strümpel (ed.)*, 289-302.

Pfeil, E. (1963): »Zur Kritik der Nachbarschaftsidee«, *Archiv für Kommunalwissenschaften* 2: 39-54.

Piel, E. (1987): *Im Geflecht der kleinen Netze. Vom deutschen Rückzug ins Private*, Osnabrück: Edition Interfrom.

Pleck, J.H. (1985): *Working Wives/Working Husbands*, Beverly Hills/London/New Dehli: Sage.

Priemus, H. (1979): »Over de huishoudelijke sector«, *Economisch Statistische Berichten* 64: 32-38.

Proebsting, H./Fleischer, H. (1987): »Bevölkerungsentwicklung 1986«, *Wirtschaft und Statistik*, 610-617.

Qureshi, H./Simons, K. (1987): »Resources Within Families: Caring for Elderly People«, in: *Brannen/Wilson (eds.)*, 117-135.

Rammert, W. (1987a): »Der nicht zu vernachlässigende Anteil des Alltagslebens selbst an seiner Technisierung«, in: *Lutz (Hrsg.)*, 320-325.

Rammert, W. (1987b): »Mechanisierung und Modernisierung des privaten Haushalts: Grenzen ökonomischer Rationalisierung und Tendenzen sozialer Innovation«, *Österreichische Zeitschrift für Soziologie* 12, Nr. 4: 6-20.

Rehn, G. (1977): »Towards a Society of Free Choice«, in: Wiatr, J.J./Rose, R. (eds.), *Comparing Public Policies*, Wroclaw et al.: Zaklad Narodowy imienia Ossolinskich/Wydawnictwo Polskiej Akademii Nauk, 121-157.

Reid, M.G. (1934): *Economics of Household Production*, New York: John Wiley & Sons.

Rerrich, M.S. (1983): »Veränderte Elternschaft. Entwicklungen in der familialen Arbeit mit Kindern seit 1950«, *Soziale Welt* 34: 420-449.

Rimmer, L. (1988): »The Intra-family Distribution of Paid Work, 1968 - 81«, in: Hunt, A. (ed.), *Women and Paid Work. Issues of Equality*, Houndmills, Basingstoke/London: Macmillan, 52-82.

Robertson, J. (1982): »What Comes after the Welfare State? A Post-Welfare Development Path for the UK«, *Futures* 14: 24-37.

Robinson, J.P. (1980): »Housework Technology and Household Work«, in: Berk, S.F. (ed.), *Women and Household Labor*, Beverly Hills/London: Sage, 53-68.

Rosanvallon, P. (1988): »Beyond the Welfare State«, *Politics and Society* 16: 533-543.

Rosenbladt, B. von/Kiel, W./Milenovic, I. (1986): *Zukünftige Rentnergenerationen - Anwartschaften in der Alterssicherungen der Geburtsjahrgänge 1920 - 1955*, Bd. 142 der Reihe »Sozialforschung«, hrsg. vom Bundesminister für Arbeit und Sozialordnung, Bonn.

Roth, M. (1989): »Aus der Statistik zum Versorgungsausgleich: Empirische Ergebnisse zum Versorgungsausgleich in der gesetzlichen Rentenversicherung aus dem Berichtsjahr 1987«, *Deutsche Rentenversicherung*, Nr. 4: 223-229.

Rothschild, K.W. (1982): »A Note on Some Economic and Welfare Aspects of Working-Time Regulation«, *Australian Economic Papers* 21: 214-218.

Säntti, R./Otva, R.-A./Kilpiö, E. (1982): *Housework Study, Part VIII: Unpaid Housework: Time Use and Value*, Ministry of Social Affairs and Health, Research Department, Helsinki.

Schäfer, D. (1985): »Wert des Gebrauchsvermögens der privaten Haushalte«, *Wirtschaft und Statistik*, 110-118.

Schäfer, D. (1988): »Haushaltsproduktion in gesamtwirtschaftlicher Betrachtung«, *Wirtschaft und Statistik*, 309-318.

Schäfer, W. (Hrsg.) (1984): *Schattenökonomie. Theoretische Grundlagen und wirtschaftspolitische Konsequenzen*, Göttingen: Vandenhoeck & Ruprecht.

Scharpf, F.W. (1986): »Strukturen der post-industriellen Gesellschaft, oder: Verschwindet die Massenarbeitslosigkeit in der Dienstleistungs- und Informations-Ökonomie?«, *Soziale Welt* 37: 3-24.

Schettkat, R. (1982): *Das Bruttosozialprodukt und die Produktion in privaten Haushalten*, Discussion Paper IIM/LMP (82 - 23), Wissenschaftszentrum Berlin.

Schmähl, W. (1986): »Gesetzliche und betriebliche Alterssicherung für verschiedene Gruppen der Bevölkerung in der Bundesrepublik Deutschland: Erfahrungen und Zukunftsaufgaben«, *Deutsche Rentenversicherung*, Nr. 11-12: 684-701.

Schüler, K. (1988): »Vermögenseinkommen nach Haushaltsgruppen 1972 bis 1987«, *Wirtschaft und Statistik*, 881-891.

Schupp, J. (1988): »Trotz Anstiegs der Beschäftigung wurde Wiedereingliederung Erwerbsloser schwieriger«, *DIW-Wochenbericht* 55: 409-416.

Schwarz, K. (1982): »Bericht 1982 über die demographische Lage in der Bundesrepublik Deutschland«, *Zeitschrift für Bevölkerungswissenschaft* 8: 121-223.

Schwarz, K. (1988): »Umfang der Erwerbstätigkeit nach dem Zweiten Weltkrieg«, *Zeitschrift für Bevölkerungswissenschaft* 14: 275-294.

Schweitzer, R. von/Pross, H. (1976): *Die Familienhaushalte im wirtschaftlichen und sozialen Wandel*, Göttingen: Otto Schwartz & Co.

Scitovsky, T. (1964): »What Price Economic Progress?«, in: Scitovsky, T., *Papers on Welfare and Growth*, London: Allen & Unwin, 209-231 (first: 1959).

Scitovsky, T. (1977): *Psychologie des Wohlstands. Die Bedürfnisse des Menschen und der Bedarf des Verbrauchers*, Frankfurt/New York: Campus (Original: 1976).

Seewald, H. (1988): »Sozialhilfeempfänger 1986«, *Wirtschaft und Statistik*, 268–276.

Simm, R. (1989): »Junge Frauen in Partnerschaft und Familie«, *Aus Politik und Zeitgeschichte* 39, Nr. 28: 34–39.

Simmel, G. (1930): *Philosophie des Geldes*, 5. Aufl., München/Leipzig: Duncker & Humbot.

Skarpelis-Sperk, S. (1978): *Soziale Rationierung öffentlicher Leistungen*, Frankfurt/New York: Campus.

Skolka, J.V. (1976): »Long-Term Effects of Unbalanced Labour Productivity Growth: On the Way to a Self-Service Society«, in: Solari, L./du Pasquier, J.-N. (eds.), *Private and Enlarged Consumption. Essays in Methodology and Empirical Analysis*, Amsterdam/New York/Oxford: North-Holland Publishing Company, 279–301.

Sommer, B. (1988): »Erwerbstätigkeit im März 1987. Ergebnis des Mikrozensus«, *Wirtschaft und Statistik*, 513–523.

Sozialpolitische Informationen (Nr. 2 v. 10.02.1989): »Sozialversicherungsfreie Beschäftigung: Erstmals gesicherte Fakten vorgelegt«.

Stadié, R. (1987): *Altsein zwischen Integration und Isolation. Empirische Ergebnisse zur Lebenssituation und Befindlichkeit alter Menschen*, Forschungsbericht 60 der Konrad-Adenauer-Stiftung, Melle: Verlag Ernst Knoth.

Statistisches Taschenbuch (1988) = Bundesminister für Arbeit und Sozialordnung (Hrsg.), *Statistisches Taschenbuch 1987. Arbeits- und Sozialstatistik*, Bonn.

StBA (1955) = Statistisches Bundesamt, *Statistische Berichte (Arb.-Nr. VIII/12/26): Die Wanderung im Bundesgebiet im Jahre 1955.*

StBA (1961) = Statistisches Bundesamt, *Volks- und Berufszählung vom 6. Juni 1961, Fachserie A, Heft 17: Erwerbstätigkeit von Frauen und Müttern.*

StBA (1970) = Statistisches Bundesamt, *Volkszählung vom 27. Mai 1970, Fachserie A, Heft 9: Bevölkerung in Familien.*

StBA (1980) = Statistisches Bundesamt, *Fachserie 1, Reihe 3: Haushalte und Familien 1980.*

StBA (1982) = Statistisches Bundesamt, *Fachserie 5, Reihe S.5: Die Wohnsituation der Haushalte 1982.*

StBA (1985a) = Statistisches Bundesamt, *Fachserie 1, Reihe 3: Haushalte und Familien 1985.*

StBA (1985b) = Statistisches Bundesamt, *Fachserie 1, Reihe 4.1.2: Beruf, Ausbildung und Arbeitsbedingungen der Erwerbstätigen 1985.*

StBA (1986) = Statistisches Bundesamt, *Fachserie 1, Reihe 3: Haushalte und Familien 1986.*

StBA (1987) = Statistisches Bundesamt, *Fachserie 1, Reihe 3: Haushalte und Familien 1987.*

StJB (1953) = Statistisches Bundesamt (Hrsg.), *Statistisches Jahrbuch für die Bundesrepublik Deutschland 1953.*

Strober, M.H./Weinberg, C.B. (1980): »Strategies Used by Working and Non-working Wives to Reduce Time Pressures«, *Journal of Consumer Research* 6: 338–348.

Strümpel, B. (ed.) (1989): *Industrial Societies after the Stagnation of the 1970s – Taking Stock from an Interdisciplinary Perspective,* Berlin/New York: Walter de Gruyter.

Teichert, V. (Hrsg.) (1988): *Alternativen zur Erwerbsarbeit? Entwicklungstendenzen informeller und alternativer Ökonomie,* Opladen: Westdeutscher Verlag.

Thiede, R. (1986): »Die Situation von Privathaushalten mit pflegebedürftigen Haushaltsmitgliedern«, *Nachrichtendienst des Deutschen Vereins für öffentliche und private Fürsorge* 66: 123–130.

Thiede, R. (1988): »Die besondere Lage der älteren Pflegebedürftigen. Empirische Analysen und sozialpolitische Überlegungen auf der Basis aktuellen Datenmaterials«, *Sozialer Fortschritt* 37: 250–255.

Thiele-Wittig, M. (1987): »... der Haushalt ist fast immer betroffen – ›Neue Hausarbeit‹ als Folge des Wandels der Lebensbedingungen«, *Hauswirtschaft und Wissenschaft* 35: 119–127.

Thiessen, V./Rohlinger, H. (1988): »Die Verteilung von Aufgaben und Pflichten im ehelichen Haushalt«, *Kölner Zeitschrift für Soziologie und Sozialpsychologie* 40: 640–658.

Thoben, C. (1988): »Erwerbs- und hausarbeitsgebundene Zeiten«, *Die Mitbestimmung* 34: 395–398.

Thrall, C.A. (1982): »The Conservative Use of Modern Household Technology«, *Technology and Culture* 23: 175–194.

Tölke, A. (1986): »Zentrale Lebensereignisse von Frauen – Veränderungen im Lebensverlaufsmuster in den letzten 30 Jahren«, in: Brose, H.-G. (Hrsg.), *Berufsbiographien im Wandel,* Opladen: Westdeutscher Verlag, 56–79.

Treas, J. (1987): »The Effect of Women's Labor Force Participation on the Distribution of Income in the United States«, *Annual Review of Sociology* 13: 259–288.

Uusitalo, L. (1983): »Societal Change and Challenges for Consumer Policy«, *Journal of Consumer Policy* 6: 149–160.

VDR (1975) = Verband Deutscher Rentenversicherungsträger (Hrsg.), *Der Rentenzugang und der Rentenwegfall im Jahre 1974*, Statistik der deutschen gesetzlichen Rentenversicherung, Bd. 44, Frankfurt.

VDR (1987) = Verband Deutscher Rentenversicherungsträger (Hrsg.), *Rentenzugang des Jahres 1986 in der deutschen gesetzlichen Rentenversicherung einschließlich Rentenwegfall/Rentenumwandlung*, VDR-Statistik, Bd. 75, Frankfurt.

VDR (1989) = Verband Deutscher Rentenversicherungsträger (Hrsg.), *Rentenzugang des Jahres 1988 in der deutschen gesetzlichen Rentenversicherung einschließlich Rentenwegfall/Rentenumwandlung*, VDR-Statistik, Bd. 86, Frankfurt.

Weber, M. (1924): »Der Sozialismus«, in: ders., *Gesammelte Aufsätze zur Soziologie und Sozialpolitik*, Tübingen: J.C.B Mohr, 492-518 (zuerst: 1918).

Weber, M. (1972): *Wirtschaft und Gesellschaft*, 5. Aufl., Tübingen: J.C.B. Mohr.

WiSta (1956) = »Die erwerbstätigen Ehefrauen nach der sozialen Stellung ihrer Männer, dem Alter, der Ehedauer, der Zahl ihrer Kinder und der Größe der Haushalte«, *Wirtschaft und Statistik*, 458-463.

WiSta (1981) = »Erwerbslosigkeit im Haushaltszusammenhang. Ergebnisse des Mikrozensus«, *Wirtschaft und Statistik*, 657-663.

Würzberger, P./Wedel, E. (1988): »Erste Ergebnisse der Volkszählung 1987«, *Wirtschaft und Statistik*, 829-836.

Zapf, K. (1986): »Soziale Technikfolgen in den privaten Haushalten«, in: *Glatzer/Berger-Schmitt (Hrsg.)*, 207-241.

Zapf, W./Breuer, S./Hampel, J. (1987a): »Technikfolgen für Haushaltsorganisation und Familienbeziehungen«, in: *Lutz (Hrsg.)*, 220-232.

Zapf, W., et al. (1987b): *Individualisierung und Sicherheit. Untersuchungen zur Lebensqualität in der Bundesrepublik Deutschland*, München: C.H. Beck'sche Verlagsbuchhandlung.

Zetterberg, H./Frankel, G. (1981): »Working Less and Enjoying it More in Sweden«, *Public Opinion* 4, Aug./Sept.: 41-45.

AJZ Verlag

Johannes Berger u.a. (Hg)

Selbstverwaltete Betriebe in der Marktwirtschaft

Bielefeld 1986, ISBN 3-921680-60-3
314 Seiten, kart., 30,– DM

Dieser Band enthält neuere empirische Befunde und theoretische Überlegungen zum Thema "Alternative Ökonomie – Bestandsbedingungen und Zukunftsperspektiven". Er gliedert sich in vier Themenkomplexe:

1. Die Diskussion über den Zusammenhang von selbstverwalteten Betrieben und die "Zukunft der Arbeit".
2. Die Größe und Branchenstruktur des Alternativsektors.
3. Organisationsstrukturen und Probleme selbstverwalteter Betriebe.
4. Förderungsmaßnahmen der Selbstverwaltungswirtschaft und alternative Finanzierungsmodelle: Ökobank und Direktkreditvermittlung.

Jürgen Daviter u.a.

Selbstverwaltungswirtschaft – Gegen Wirtschaft und Recht?

Rechtliche und ökonomische Problembetrachtungen

Bielefeld 1987, ISBN 3-921680-66-2
270 Seiten, kart., 29,– DM

Unter den vielen Varianten neuer Arbeits- und Wirtschaftsformen finden selbstverwaltete Betriebe ein besonderes gesellschaftliches, politisches und auch wissenschaftliches Interesse. Die besondere Aufmerksamkeit hat ihren guten Grund. Das Prinzip der Selbstverwaltung beinhaltet eine Reihe von interessanten Abweichungen und Widersprüchen zum herkömmlichen Modell organisierter Arbeit: Unterschiede im Hinblick auf Eigentums- und Herrschaftsorganisation, auf die Kommunikations- und Entscheidungspraxis der Beteiligten u.a.m.